历史的轨迹

跨越（1949—2019）

崔友平 等◎著

北京联合出版公司
Beijing United Publishing Co.,Ltd.

图书在版编目（CIP）数据

历史的轨迹 / 崔友平等著 .— 北京 : 北京联合出版公司 , 2019.4（2019.9 重印）
（跨越 : 1949 — 2019）
ISBN 978-7-5596-3044-5

Ⅰ . ①历… Ⅱ . ①崔… Ⅲ . ①中国特色社会主义—社会主义建设模式—研究— 1949 — 2019 Ⅳ . ① D616

中国版本图书馆 CIP 数据核字（2019）第 046378 号

历史的轨迹
作　　者：崔友平等
总 发 行：北京华景时代文化传媒有限公司
责任编辑：牛炜征
封面设计：张　敏
版式设计：柳淑燕
责任审读：赵　娜

北京联合出版公司出版
（北京市西城区德外大街 83 号楼 9 层 100088）
北京文昌阁彩色印刷有限责任公司印刷　　新华书店经销
字数 211 千字　　710 毫米 ×1000 毫米　　1/16　　16.5 印张
2019 年 4 月第 1 版　　2019 年 9 月第 6 次印刷
ISBN 978-7-5596-3044-5
定价：48.00 元

总　序

幸福都是奋斗出来的

——写在新中国成立 70 周年之际

“苟日新，日日新，又日新。”[①] 任何重大历史变革、任何伟大历史成就，都是用“解放思想”之明灯指引走向光明的正确方向，用“思想理性”之光辉照亮通往辉煌的光明大道，用“天下为公”之伟大梦想凝聚起团结奋斗的磅礴力量，用“不懈奋斗”之精神革故鼎新谱写辉煌的历史篇章。回顾历史，这也是我们党近百年来的历史、新中国成立 70 年的历史、改革开放 40 年的历史充分揭示和反复证明了的中国共产党的成功密码，彰显了中国共产党人团结带领全国各族人民在革故鼎新中跨越时代、在务实奋斗中实现梦想的坚定信念和使命担当。时值新中国成立 70 周年之际，我们从过去、现在、未来相统一的历史维度，事实、规律、价值相统一的理论维度，现实、理想、道路相统一的实践角度，民族、中国、世界相统一的空间维度，去回顾新中国 70 年实现伟大跨越的历史轨迹，去分析中国道路理性选择的自觉自信，去展望中华民族伟大复兴的伟大梦想，去探索通过不懈奋斗走向光辉彼岸的现实路径，剖析中国方案，总结中国经验，坚定中国道

① 王国轩译注：《大学 · 中庸》，中华书局 2006 年版，第 9 页。

路，挖掘中国智慧，这不仅对中国人民实现伟大梦想具有历史意义，而且对其他国家探索符合本国国情的现代化道路具有世界意义。正是基于这样的目的，我们组织中共中央党校（国家行政学院）、中央党史和文献研究院、求是杂志社、北京师范大学具有相关研究和造诣深厚的专家学者，编写了《跨越（1949—2019）》四部曲——《历史的轨迹》《理性的选择》《伟大的梦想》《不懈的奋斗》，作为理论工作者，以自己的绵薄之力做一点事情，为庆祝中华人民共和国70周年华诞献礼，以不辜负这个伟大的时代。

（一）伟大跨越的历史轨迹

《周易》有言："生生之谓易。"然而，由于历史上文化保守主义的流行，人们对传统的尊重渐渐演变成了厚古薄今的复古心态，"一仍旧贯"被认为是一种美德，而"改革创新"往往被斥为"离经叛道"。昔日"苟日新，日日新"的革故鼎新的创新意识，被"天不变，道亦不变"、墨守成规的保守文化所替代，形成因循守旧、故步自封的国民性格。曾经历史悠久的辉煌古国，一步步沦落到处于风雨飘摇的危险境地，积贫积弱，以割地赔款、丧权辱国、任人宰割的悲惨局面跨入了近代。

"穷则思变"，为了挽救民族危亡、实现国家独立和富强，中国人曾经选择过各种各样的主义，进行过各种各样的斗争，包括洋务运动、维新变法、旧式民主革命等，最终都没有能够解决问题。正如毛泽东所说："从一八四〇年的鸦片战争到一九一九年的五四运动的前夜，共计七十多年中，中国人没有什么思想武器可以抵御帝国主义。"[①] 新文化运动，特别是五四运动，在中国知识界引起了空前的思想解放。这次思想解放冲破了封建罗网，使中国人民从封建专制主义思想的禁锢下解放了出来，打破了中国人民对西方的迷信和对帝国主义的幻想。

① 毛泽东：《唯心历史观的破产》，《毛泽东选集》第4卷，人民出版社1991年版，第1513—1514页。

“十月革命一声炮响，给我们送来了马克思列宁主义。十月革命帮助了全世界的也帮助了中国的先进分子，用无产阶级的宇宙观作为观察国家命运的工具，重新考虑自己的问题。走俄国人的路——这就是结论。”[①] 正如毛泽东所说：“一九一七年的俄国革命唤醒了中国人，中国人学得了一样新的东西，这就是马克思列宁主义。……从此以后，中国改换了方向。”[②] 中国一代青年马克思主义者如雨后春笋茁壮成长，伟大的中国共产党诞生了，从此中国革命有了主心骨。在中国共产党成立以后二十多年的历史中，我们的革命事业取得了巨大成功，但同时由于教条主义的滋长，革命事业也经历了巨大的挫折和严重的失败。“左”的和右的错误，特别是“左”倾冒险主义，不但使我们的革命根据地丧失 90%，而且几乎把中国革命推向了绝境。以毛泽东同志为主要代表的中国共产党人，批判教条主义，纠正了“左”倾错误，坚持把马克思主义基本原理同中国革命的实际相结合，走出了一条“农村包围城市，武装夺取政权”的革命道路，成功解决了中国的革命问题，并建立了中华人民共和国，中国人民从此站起来了！

新中国成立之后，如何建设社会主义是摆在中国共产党人面前的一大考验。世界上第一个社会主义国家已经建立，以苏联为“向前发展的活榜样”，按照苏联的模式进行社会主义建设，理所当然成了我们的不二选择。但是，照抄照搬苏联模式的弊端逐渐显现，毛泽东尖锐地提出了“以苏为鉴”的问题：“他们走过的弯路，你还想走？过去我们就是鉴于他们的经验教训，少走了一些弯路，现在当然更要引以为戒。”[③] 在这样的背景下，毛泽东分别于 1956 年、1957 年发表了《论十大关系》和《关于正确处理人民内部矛盾的问题》，中国共产党坚持解放思想，开启了探索适合中国国情的

① 毛泽东：《论人民民主专政》，《毛泽东选集》第 4 卷，人民出版社 1991 年版，第 1471 页。
② 毛泽东：《唯心历史观的破产》，《毛泽东选集》第 4 卷，人民出版社 1991 年版，第 1514 页。
③ 毛泽东：《论十大关系》，《毛泽东文集》第 7 卷，人民出版社 1999 年版，第 23 页。

社会主义建设道路的历史先河。

新中国成立初期，由于我们对社会主义认识上的局限，对中国国情把握的偏差，对社会主义建设规律认识不足，“左”的思想不断滋长，造成了社会主义建设的一些失误。尤其是“文化大革命”期间，林彪、“四人帮”反革命集团大搞禁区、禁令，制造迷信，严重束缚了人们的思想，导致整个国家极度混乱，整个国民经济濒临崩溃边缘，几乎葬送了中国社会主义的前途。1978 年，关于真理标准问题的讨论成了一场伟大的思想解放运动，它冲破了“两个凡是”和个人崇拜的思想禁锢，实现了思想路线、政治路线和组织路线的拨乱反正，重新确立了“解放思想、实事求是”的思想路线，将党的工作重心从“以阶级斗争为纲”转移到社会主义现代化建设上来，吹响了中国改革开放的号角！

正是在坚持“走自己的路”的自觉自信中，我们解放思想、实事求是，大胆地试、勇敢地改，干出了一片新天地，使中国大踏步地赶上了时代。党的十九大报告指出：“改革开放之初，我们党发出了走自己的路、建设中国特色社会主义的伟大号召。从那时以来，我们党团结带领全国各族人民不懈奋斗，推动我国经济实力、科技实力、国防实力、综合国力进入世界前列，推动我国国际地位实现前所未有的提升，党的面貌、国家的面貌、人民的面貌、军队的面貌、中华民族的面貌发生了前所未有的变化，中华民族正以崭新姿态屹立于世界的东方。”

（二）走自己的路的理性选择

从事实判断的角度来看，中国道路已经成功，这个事实不能否认，也否认不了。我国改革开放 40 年来所取得的巨大成就不仅令国人振奋，也让世界瞩目。既然中国道路已经取得了成功，中国道路的成功密码就亟须破解。我国 40 年改革开放所取得的辉煌成就，已经证实中国道路是行得通的。但是，中国道路为什么行？这个问题不仅国际社会想知道答案，而且我们自己也迫切需要回答。中国道路的成功因素固然有很多，既有偶然性因素和机遇性条件，也有必然性要素和规律性原因，但是最根本的原因在于：我们基于社会主义的工具理性、价值理性和实践理性，突破了各种教条主义和经验主义的迷信和禁锢，坚定了社会主义现代化的自觉自信，做出了走自己的路的伟大抉择。习近平总书记在庆祝改革开放40周年大会上的讲话中指出："在中国这样一个有着5000多年文明史、13亿多人口的大国推进改革发展，没有可以奉为金科玉律的教科书，也没有可以对中国人民颐指气使的教师爷。鲁迅先生说过：'什么是路？就是从没路的地方践踏出来的，从只有荆棘的地方开辟出来的。'中国特色社会主义道路是当代中国大踏步赶上时代、引领时代发展的康庄大道，必须毫不动摇走下去。"

1. 我们根据价值理性，坚持人民至上，走出了中国道路，创造了中国奇迹

在发展的现实实践中，世界上其他国家也走过了大致相似的发展道路，最初总是从工具理性的角度来考虑"怎么才能够发展得更快"以取得更大的发展成就，而往往忽视对价值理性的追问，即思考"为什么要发展"这个根本问题。可以说，现在所遇到的所有发展问题，包括全球性问题、生态问题、和平问题、贫困问题等，其根源主要在于人们对于发展价值的曲解和无视。胡塞尔在《欧洲科学危机和超验现象学》中指出："在19世纪后半叶，现代人让自己的整个世界观受实证科学支配，并迷惑于实证科学所造就的'繁荣'。这种独特现象意味着，现代人漫不经心地抹去了那些对于真正的人来说至关重要的问题。只见事实的科学造就了只见事实的人。"[①] 人们在对工具理性的追求中忽视了对价值理性的追问。从客观上来讲，这样的发展短期看来确实对于解决人类物质性的需要具有一定的意义，但是如果把它当成终

① 埃德蒙德·胡塞尔著，张庆熊译：《欧洲科学危机和超验现象学》，上海译文出版社2005年版，第7页。

极目的，那么就必然会带来各种各样的陷阱、各种各样的赤字，例如和平赤字、发展赤字、公平赤字等。坚持人民至上和以人民为中心的发展理念，是中国共产党人谋划和推动中国特色社会主义伟大事业的价值指向，这也就决定了中国道路遵从价值理性，因而确保了发展方向的正确。

2. 我们根据辩证逻辑，选择工具理性，走出了中国道路，创造了中国奇迹

马克思主义的革命性在于它把唯物辩证法作为根本方法，不把任何现存事物看成是永恒的、神圣的、不可侵犯的东西，不对任何迷信和谬误让步。有人曾经认为，西方文明是世界上最好的文明，西方的现代化道路是唯一可行的发展“范式”，西方的民主制度是唯一科学的政治模式。但是，经济持续快速发展、人民生活水平不断提高、综合国力大幅提升的“中国道路”，廓清了这些违背唯物辩证法“独断论”的迷雾。古人云：“理一分殊。”中国经验证明，每个国家、每个民族由于历史文化传统不同，所处的历史发展阶段不同，面临的形势和问题不同，人民群众的需要和要求不同，它们实现发展、造福人民的具体道路当然可以不同，而且必须不同。只要坚守追求国家发展和人民幸福的“道”不变，每一个国家和民族的具体道路、方略和方法不能定于一尊，必须因时而异、因地制宜、因势而变，适合的才是最好的。

3. 我们根据实践理性，坚持不懈奋斗，走出了中国道路，创造了中国奇迹

马克思主义立足于改造世界，具有实践性的理论品格，要求坚持实践第一，保持不懈奋斗的精神。马克思主义哲学不是远离社会生活和脱离社会实践的书斋理论，而是深深地植根于实践、服务于实践又在实践中不断发展的活生生的理论。它在指导无产阶级革命实践的过程中实现自己的历史使命，又在这种实践的过程中使自身不断经受检验，获得丰富和发展。中国共产党人坚持唯物论，牢牢把握我国发展的阶段性特征，科学判断我国所处的历史方位；坚持价值论，牢牢把握人民群众对美好生活的向往，

科学判断发展的价值理性；坚持解放思想，实事求是，一切从实际出发，根据中国特色社会主义的总依据，指向中国特色社会主义的总目标，提出新的思路、战略和举措，绘制实现伟大梦想的宏伟蓝图。根据“中国特色社会主义进入了新时代”的科学判断，党的十九大报告指出“我国社会主要矛盾已经转化为人民日益增长的美好生活需要和不平衡不充分的发展之间的矛盾”。我国社会主要矛盾的变化是关系全局的历史性变化，这对党和国家工作提出了许多新要求。我们要在继续推动发展的基础上，着力解决好发展不平衡不充分问题，大力提升发展质量和效益，更好满足人民在经济、政治、文化、社会、生态等方面日益增长的需要，更好推动人的全面发展、社会的全面进步。我们党站在新的历史起点上，面对前进道路上的各种艰难险阻，凝聚全国各族人民的智慧和力量，团结带领全国各族人民以敢于斗争的精神状态，在坚持和发展中国特色社会主义的历史进程中攻坚克难，为建设富强民主文明和谐美丽的社会主义现代化强国、实现中华民族伟大复兴而顽强奋斗、艰苦奋斗、不懈奋斗。正是这种基于科学性和价值性相统一基础上的实践性，我们走出了中国道路，成就了伟大的中国奇迹。

《周易》有言：“形而上者谓之道，形而下者谓之器。”揭示中国道路的成功密码，就是问“道”中国道路，也就是挖掘中国道路之中蕴含的中国智慧。这个“道”不是一个具体的手段、具体的方法和具体的方略，而是可以为每个国家和民族选择“行道”之“器”提供必须坚守的价值和基本原则。这个“道”是具有共通性的普遍智慧，可以启发其他国家和民族据此选择适合自己的发展道路，因而它具有世界意义。

（三）凝聚力量的伟大梦想

共同理想是鼓舞中华民族奋力前行、开创美好未来的精神力量。理想，是人们对美好未来的向往和追求，是人们的奋斗目标和精神支柱，也是激励人们奋发进取的强大动力。中国特色社会主义共同理想，就是在中国共产党领导下，中国人民实现社会主义现代化和中华民族伟大复兴的中国梦。

党的十八大以来，以习近平同志为核心的党中央提出实现中华民族伟大复兴中国梦的重大命题，在国内外引起强烈反响。实现“两个一百年”奋斗目标和中华民族伟大复兴的中国梦，已成为全党全国各族人民的共同心愿，成为凝聚海内外中华儿女团结奋斗的精神旗帜。我们历经革命、建设和改革，在解决了“站起来”和“富起来”的时代课题的基础上，“强起来”的时代课题已经摆在了中华民族、中国人民和中国共产党人的面前。我们前所未有地接近世界舞台中央，前所未有地接近实现中华民族伟大复兴的目标，前所未有地具有实现这个目标的能力和信心。

我们怎么实现中国梦？需要我们通过共同的理想信念树起一座精神灯塔，指引全国各族人民不为任何风险所惧，不为任何干扰所惑，更好地投身改革开放和社会主义现代化建设，不断夺取中国特色社会主义事业新胜利。我们共产党人要承担历史使命，就是团结带领全国各族人民把力量凝聚起来，不断坚持和完善中国特色社会主义，为了实现中华民族伟大复兴而共同奋斗，这就是我们始终要牢记的政治方向。

习近平总书记指出：“人民立场是中国共产党的根本政治立场，是马克思主义政党区别于其他政党的显著标志。党与人民风雨同舟、生死与共，始终保持血肉联系，是党战胜一切困难和风险的根本保证，正所谓‘得众则得国，失众则失国’。”[①] 来自人民、植根人民、服务人民，是我们党永远

① 习近平：《在庆祝中国共产党成立 95 周年大会上的讲话》，《人民日报》2016 年 7 月 2 日。

立于不败之地的根本所在。来自人民，回答了来自谁的问题，反映了党的本质属性；植根人民，回答了依靠谁的问题，揭示了党的动力之源；服务人民，回答了为了谁的问题，宣告了党的奋斗宗旨。实现中华民族伟大复兴，是近代以来中华民族最伟大的梦想。中国梦是国家的、民族的，也是每一个中国人的。国家好、民族好，大家才会好。只有每个人都为美好梦想而奋斗，才能汇聚起实现中国梦的磅礴力量。人民是历史的主人，中国特色社会主义事业是亿万人民自己的事业。坚持发展为了人民、发展依靠人民、发展成果由人民共享，我们党才能始终赢得广大人民的拥护、支持和爱戴，党领导的中国特色社会主义道路才能越走越宽广。

中国这么大一个国家，每个人都是中国梦的参与者、书写者，都是实现中国梦的重要成员。习近平总书记在第十二届全国人民代表大会第一次会议上的讲话中指出："中国梦归根到底是人民的梦，必须紧紧依靠人民来实现，必须不断为人民造福。""只要我们紧密团结，万众一心，为实现共同梦想而奋斗，实现梦想的力量就无比强大，我们每个人为实现自己梦想的努力就拥有广阔的空间。生活在我们伟大祖国和伟大时代的中国人民，共同享有人生出彩的机会，共同享有梦想成真的机会，共同享有同祖国和时代一起成长与进步的机会。"①

我们在实现中华民族伟大复兴的中国梦这个根本政治问题上要有坚定的战略定力。什么是战略定力？就是我们要牢记历史使命，我们所有行动都以这个梦想实现作为判断标准，不要为任何风险所惧，也不要为任何干扰所惑，不要为眼前利益蒙蔽双眼，也不能为民族主义情绪所左右。凡是有利于实现这个梦想的事情我们坚决要做，凡是不利于实现这个梦想的事情我们坚决不做。

---

① 习近平：《在第十二届全国人民代表大会第一次会议上的讲话》，《人民日报》2013年3月18日。

党的十八大以来，党中央围绕实现中华民族伟大复兴的中国梦这一总体战略目标，在经济、政治、文化、社会、生态、党的建设以及外交国防等方面进行一系列的战略部署和战略实践，形成了实现中国梦的系统战略路线图。新形势下，不管是协调推进“四个全面”战略布局还是践行新发展理念，不管是啃下深化改革的硬骨头还是打赢扶贫脱贫、供给侧结构性改革等攻坚战，都要求从政治上考量，在大局下行动，围绕核心聚力，向党中央看齐。只有解决好世界观、人生观、价值观这个“总开关”问题，以信仰的力量凝聚意志和共识，同时以铁一般纪律凝聚力量和统一行动，心往一处想，劲往一处使，中国共产党才能够带领人民群众应对具有许多新的历史特点的伟大斗争，更好地坚持和发展中国特色社会主义伟大事业，从而担负起实现中华民族伟大复兴的神圣使命。

（四）在不懈奋斗中驶向彼岸

党的十九大报告指出：“行百里者半九十。中华民族伟大复兴，绝不是轻轻松松、敲锣打鼓就能实现的。全党必须准备付出更为艰巨、更为艰苦的努力。”实现伟大梦想，我们必须以永不懈怠的精神状态进行伟大斗争，在不懈奋斗中胜利驶向光辉的彼岸。

实践发展永无止境，矛盾无止境，问题无止境。毛泽东指出：“什么叫问题？问题就是事物的矛盾。哪里有没有解决的矛盾，哪里就有问题。”①社会是在矛盾运动中前进的，有矛盾就会有斗争。习近平总书记指出：“我们党领导人民干革命、搞建设、抓改革，从来都是为了解决中国的现实问题。”②强烈的问题意识贯穿于我国革命、建设和改革的全部实践，成为推动党和国家事业发展的不竭动力。

---

① 毛泽东：《反对党八股》，《毛泽东选集》第3卷，人民出版社1991年版，第839页。

② 习近平：《坚持运用辩证唯物主义世界观方法论　提高解决我国改革发展基本问题本领》，《人民日报》2015年1月25日。

就当前中国的现实而言，现在，我们已经站在一个新的历史起点上，正在进行具有许多新的历史特点的伟大斗争，面临的矛盾和挑战也前所未有。当今世界格局正在进行深度调整，综合国力竞争日趋激烈，我们面临的经济安全、政治安全、文化安全、军事安全、网络安全问题更加突出，维护和拓展国家战略利益的任务更加艰巨。当代中国正处于爬坡过坎的紧要关口，进入发展关键期、改革攻坚期、矛盾凸显期，许多问题相互交织、叠加呈现。如果没有强烈的问题意识，就不能有效破解改革和发展过程中的各种难题，中国特色社会主义事业就难以推进。因此，我们党要在直面问题、分析问题和解决问题的过程中，团结带领人民有效应对重大挑战、抵御重大风险、克服重大阻力、解决重大矛盾。这就必须进行具有许多新的历史特点的伟大斗争，任何贪图享受、消极懈怠、回避矛盾的思想和行为都是错误的。全党要充分认识这场伟大斗争的长期性、复杂性、艰巨性，发扬斗争精神，提高斗争本领，不断夺取伟大斗争新胜利。

中华民族伟大复兴的中国梦是全体中国人民的梦，进行具有许多新的历史特点的伟大斗争，坚持和发展中国特色社会主义伟大事业，必须团结带领人民、紧紧依靠人民来完成。历史一再证明，中国这样一个大国，最怕的就是一盘散沙、四分五裂。而能够把中国各地区、各民族十几亿人的力量凝聚起来，除了中国共产党，没有任何一个政治组织具有这样的条件和能力。近百年来的实践证明，无论遇到什么样的风险、危机和艰难险阻，我们党都能带领人民战胜它们，不断从胜利走向胜利。坚持中国共产党的领导永不动摇，根本原因在于“办好中国的事情，关键在党”[①]。正如党的十九大报告所指出的：“中国特色社会主义最本质的特征是中国共产党领导，中国特色社会主义制度的最大优势是中国共产党领导，党是最高政治

① 习近平：《在庆祝改革开放40周年大会上的讲话》，《人民日报》2018年12月19日。

领导力量，提出新时代党的建设总要求，突出政治建设在党的建设中的重要地位。”坚持和完善党的领导，是党和国家的根本所在、命脉所在，是全国各族人民的利益所在、幸福所在。

“打铁必须自身硬。”中国共产党承担着带领中国广大人民群众实现民族复兴的伟大历史使命，要应对具有许多新的历史特点的伟大斗争，面临的挑战很严峻，责任很重大，使命很光荣，需要自身更加坚强有力，必须全面从严治党，保持党的先进性和纯洁性，着力提高执政能力和领导水平，着力增强抵御风险和拒腐防变能力，不断把党的建设新的伟大工程推向前进。正如党的十九大报告所指出的：“伟大的事业必须有坚强的党来领导。只要我们党把自身建设好、建设强，确保党始终同人民想在一起、干在一起，就一定能够引领承载着中国人民伟大梦想的航船破浪前进，胜利驶向光辉的彼岸！”

全党全国各族人民、海内外中华儿女，要手拉手、肩并肩，凝聚起近14亿中国人民的磅礴力量，高高扬起中国航船的风帆，登高望远、居安思危，勇于变革、勇于创新，永不僵化、永不停滞，以永不懈怠的精神状态和一往无前的奋斗姿态，继续朝着实现中华民族伟大复兴的宏伟目标奋勇前进，齐心协力走向中华民族伟大复兴的光明前景！

中央党校（国家行政学院）哲学部副主任、教授、博士生导师 董振华

2019年2月

目　录

第四章　发愤图强：社会主义建设良好开端和曲折发展

第五章　历史转折：走中国特色社会主义道路

◀第一章

理论先导：发展着的马克思主义指导实践

作为一个无产阶级政党，中国共产党自诞生之日起即以马克思列宁主义为指导。在科学理论的指引下，中国共产党带领全体中国人民经过了艰苦卓绝的不懈奋斗，取得了民族解放的伟大胜利，建立起人民当家作主的新中国。新中国成立 70 年来，作为党的指导思想的马克思主义科学理论既一脉相承又与时俱进，在与中国实际相结合的历史进程中不断增添新的时代内涵，不断产生新的理论成果。自马克思列宁主义始，及至毛泽东思想、邓小平理论，再到“三个代表”重要思想、科学发展观，乃至习近平新时代中国特色社会主义思想，这一系列理论成果正是在与时俱进中一脉相承，前者为后者的形成和发展奠定了理论基础，后者是在继承前者基本原理基础上的进一步丰富和发展，最终形成一个统一的科学思想体系，它们辩证统一于中国革命、建设和改革的伟大实践中，不断开拓着马克思主义在中国发展的新境界，擘画出新中国 70 年栉风沐雨、披荆斩棘的历史轨迹。

一、科学理论的一脉相承

马克思主义同其他一切理论体系一样，并非无中生有，亦非一成不变，更非故步自封。问世以来，以科学性和革命性的结合、理论和实践的统一为主要特征的马克思主义，始终在实践中汲取前进的力量。

（一）马克思和恩格斯创立马克思主义理论体系

1842 年在德国科伦，马克思和恩格斯这两位青年初次碰面，40 多年伟大友谊自此开始，追寻真理之旅由此启程。当时的欧洲大陆是无产阶级与资产阶级激烈交锋的主阵地，空想社会主义思潮空前活跃，马克思和恩格斯在创立新的理论体系的过程中也自然而然地借鉴了空想社会主义思想的合理内容。与此同时，马克思和恩格斯在捍卫哲学唯物主义的论战中，继承了 19 世纪德国古典哲学和英国古典政治经济学的优秀成果，逐渐形成并共同创立了“马克思主义”的理论体系。马克思主义作为一个科学的理论体系，主要包含马克思主义哲学、马克思主义政治经济学和科学社会主义三个相互联系的有机组成部分，涵盖了科学世界观、社会历史发展学说、无产阶级革命理论以及社会主义和共产主义建设理论等丰富的内容，成为工人阶级政党的理论基础和指导思想，对世界历史产生了深远影响。

（二）列宁将马克思主义向前推进并创立列宁主义

伴随着阶级斗争的不断发展、不断激化，资本主义社会逐渐进入帝国主义阶段。面临新的斗争形势，无产阶级迫切需要能够指导新的斗争实践的新的理论武器。正如马克思晚年写给维·伊·查苏利奇的复信中所说的，俄国由于社会历史条件与欧洲大陆迥异，因此“历史的必然性”并不适用于俄国，而俄国可以跨越资本主义的“卡夫丁峡谷”直接进入更高级别的社会形式。由此，列宁在俄国的工人运动实践中运用并发展了马克思主义，从而使马克思主义理论达到了一个新阶段，即列宁主义阶段。“列宁主义”一词始见于 1903 年俄国社会民主工党第二次代表大会后，由列宁的反对者作为贬义词使用，孟什维克代表人物马尔托夫就曾自吹“发动了反列宁主义的起义”。1924年，斯大林在《论列宁主义基础》一书中系统地论述了列宁主义，并把它定义为：“列宁主义是帝国主义和无产阶级革命时代的马克思主义。”作为对马克思主义的继承和发展，列宁主义包含了帝国主义理论、无产阶级革命理论、民族殖民地问题理论、无产阶级专政理论、建设社会主义的理论和新型无产阶级政党的理论等方面的核心内容。

（三）毛泽东思想实现了马克思主义与中国实际的首次伟大结合

十月革命一声炮响，给沉睡中的东方古国送来了马克思主义。1921年，中国无产阶级自己的政党中国共产党成立了，领导中国人民开始了全新的中国革命。在近百年的伟大征程中，中国共产党始终以马克思列宁主义为指导。以毛泽东同志为主要代表的中国共产党人，根据马克思列宁主义的基本理论，把中国革命实践中的一系列独创性经验作了理论概括，形成了适合中国国情的科学的指导思想——毛泽东思想。毛泽东思想的主要创立者毛泽东同志在长期的艰苦斗争中，把辩证唯物主义和历史唯物主义运用于中国共产党的全部工作，形成了实事求是、群众路线和独立自主等具有中国共产党人特色的立场、观点和方法。1945年4月23日至6月11日，中国共产党第七次全国代表大会在延安召开。在抗日战争即将取得胜利之际召开的这次重要会议，其重大的历史性贡献之一，就是确立了毛泽东思想为党的指导思想并写入党章。七大党章规定：“中国共产党，以马克思列宁主义的理论与中国革命的实践统一的思想——毛泽东思想，作为自己一切工作的指针。”作为马克思列宁主义的基本理论与中国革命具体实践相结合的产物，毛泽东思想是马克思主义中国化的第一个重大理论成果，是被实践证明过的正确的理论思想和经验总结。在从中国革命实践中而来、再回到革命实践中去、不断指导实践丰富发展的过程中，毛泽东思想指引中国共产党人领导中国人民取得了民族解放事业的最终胜利，建立了人民民主专政的中华人民共和国，并为中国特色社会主义理论体系的形成和发展奠定了坚实的理论基础。

知识链接

中国共产党第七次全国代表大会

中国共产党第七次全国代表大会，简称“中共七大”，于1945年4月23日至6月11日在延安召开，出席党的七大的代表共755名，其中正式代表547名，候补代表208名，代表当时全党121万名党员。分为中直（包括军直系统）、西北、晋绥、晋察冀、晋冀鲁豫、山东、华中和大后方8个代表团。在七大代表中，年龄最大的近70岁，最小的才20岁左右。在会议上，毛泽东作了《论联合政府》的政治报告，朱德作了《论解放区战场》的军事报告，刘少奇作了《关于修改党章的报告》。大会完成了三个历史性的任务：决定了党的路线，通过了新的党章，选举了新的中央委员会。

（四）中国特色社会主义理论体系前后相继、与时俱进

历史的车轮滚滚向前，中国社会主义建设发展的实践向马克思主义发出了新的时代呼唤。而回应这一时代呼唤的，正是马克思主义中国化的又一重大理论成果——邓小平理论。以邓小平同志为主要代表的中国共产党人，在探索和实践中创立了以建设有中国特色社会主义为主题的邓小平理论，第一次比较系统地回答了中国社会主义的发展道路、发展阶段、根本任务、发展动力、外部条件、政治保证、战略步骤、党的领导和依靠力量

以及祖国统一等一系列基本问题，成为我们党在新时期的指导思想。1997年9月，党的十五大把“邓小平建设有中国特色社会主义理论”直接称为“邓小平理论”并写入党章。邓小平理论是在和平与发展成为时代主题的历史条件下，在我国改革开放和现代化建设的实践中，在总结我国社会主义胜利和挫折的历史经验并借鉴其他社会主义国家兴衰成败历史经验的基础上，逐步形成和发展起来的。与列宁主义、毛泽东思想相同，邓小平理论也是在继承马克思主义的基础上糅合本国特色与时代特征，最终成为贯通哲学、政治经济学、科学社会主义等领域，涵盖经济、政治、科技、教育、文化、民族、军事、外交、统一战线、党的建设等方面比较完备的科学体系。

在邓小平理论的指引下，中国开始了伟大的历史变革。在这一过程中，党的指导思想仍然坚持不断从实践中汲取营养、丰富发展。以江泽民同志为主要代表的中国共产党人，团结带领全国各族人民坚持党的基本理论、基本路线，在国内外形势十分复杂、世界社会主义出现严重曲折的严峻考验面前，坚定捍卫中国特色社会主义，确立了社会主义市场经济体制的改革目标和基本框架，创立了“三个代表”重要思想，使党的建设新的伟大工程经受住了历史和实践的检验，中国特色社会主义以新的姿态进入21世纪。正如江泽民同志所提出的，我们党所以赢得人民的拥护，是因为我们党在革命、建设、改革的各个历史时期，总是代表着中国先进生产力的发展要求，代表着中国先进文化的前进方向，代表着中国最广大人民的根本利益。作为中国共产党集体智慧的结晶，“三个代表”重要思想在对马克思列宁主义、毛泽东思想、邓小平理论的继承和发展的基础上，反映当代世界和中国的发展变化对党和国家工作的新要求，是加强和改进党的建设、推进我国社会主义自我完善和发展的强大理论武器。因此，党的十六大通过的《中国共产党章程（修正案）》，把“三个代表”重要思想同马克思列宁主义、毛泽东思想、邓小平理论一道，作为党必须长期坚持的指导思想写入党章，随后被写入了《中华人民共和国宪法》。

迈入 21 世纪后，立足社会主义初级阶段基本国情，以胡锦涛同志为主要代表的中国共产党人，高举中国特色社会主义伟大旗帜，以马克思列宁主义、毛泽东思想、邓小平理论和“三个代表”重要思想为指导，总结中国发展实践，借鉴国外发展经验，适应中国发展要求，提出了“坚持以人为本，树立全面、协调、可持续的发展观，促进经济社会和人的全面发展”的重要思想，这一重大战略思想就是科学发展观。在党的十七大上，科学发展观被写入党章。胡锦涛在《高举中国特色社会主义伟大旗帜 为夺取全面建设小康社会新胜利而奋斗》的报告中提出，“科学发展观，第一要义是发展，核心是以人为本，基本要求是全面协调可持续性，根本方法是统筹兼顾”，指明了进一步推动中国经济改革与发展的思路和战略，明确了科学发展观是指导经济社会发展的根本指导思想，标志着中国共产党对于共产党执政规律、人类社会发展规律、社会主义建设规律的认识达到了新的高度，标志着马克思主义的中国化，标志着马克思主义和新的中国国情相结合达到了新的高度和阶段。2012 年 11 月，科学发展观在党的十八大上被列入党的指导思想。胡锦涛同志在党的十八大报告中进一步指出：“科学发展观是中国特色社会主义理论体系最新成果，是中国共产党集体智慧的结晶，是指导党和国家全部工作的强大思想武器。”

（五）习近平新时代中国特色社会主义思想将中国特色社会主义理论推向新阶段

站在新的历史方位上，国内外形势深刻变化，我国各项事业蓬勃发展，一个重大时代课题摆在共产党人面前，这就是必须从理论和实践相结合上系统回答新时代坚持和发展什么样的中国特色社会主义、怎样坚持和发展中国特色社会主义，包括新时代坚持和发展中国特色社会主义的总目标、总任务、总体布局、战略布局和发展方向、发展方式、发展动力、战略步骤、外部条件、政治保证等基本问题，并且要根据新的实践对经济、政治、法治、科技、文化、教育、民生、民族、宗教、社会、生态文明、国家安全、国防和军队、“一国两制”和祖国统一、统一战线、外交、党的建设等方面作出理论分析和政策指导。围绕这个重大时代课题，以习近平同志为核心的党中央坚持以马克思列宁主义、毛泽东思想、邓小平理论、“三个代表”重要思想、科学发展观为指导，坚持解放思想、实事求是、与时俱进、求真务实，坚持辩证唯物主义和历史唯物主义，紧密结合新的时代条件和实践要求，以全新的视野深化对共产党执政规律、社会主义建设规律、人类社会发展规律的认识，进行艰辛理论探索，取得重大理论创新成果，形成了习近平新时代中国特色社会主义思想。2017 年 10 月 18 日，习近平总书记在党的十九大上首次提出“新时代中国特色社会主义思想”。2017 年 10 月 24 日，党的十九大审议并一致通过《中国共产党章程（修正案）》，习近平新时代中国特色社会主义思想被写入党章，与马克思列宁主义、毛泽东思想、邓小平理论、“三个代表”重要思想、科学发展观共同成为党的指导思想。2018 年 3 月 11 日，第十三届全国人民代表大会第一次会议第三次全体会议通过了《中华人民共和国宪法修正案》，习近平新时代中国特色社会主义思想被写入《中华人民共和国宪法》。习近平新时代中国特色社会主义思想，是党和人民实践经验和集体智慧的结晶，是马克思主义中国化的最新成果，是中国特色社会主义理论体系的重要组成部分，是全党全国人民为实现中华民族伟大复兴而奋斗的行动指南，必须长期坚持并不断发展。

二、科学理论的与时俱进

在党的十九大上，习近平总书记深刻指出，实践没有止境，理论创新也没有止境。世界每时每刻都在发生变化，中国也每时每刻都在发生变化，我们必须在理论上跟上时代，不断认识规律，不断推进理论创新、实践创新、制度创新、文化创新以及其他各方面创新。回顾马克思主义从诞生到发展，从一国到多国，从理论到实践的历史轨迹，不难看出，与时俱进是这一科学理论体系始终保持活力的优秀品格和宝贵经验，特别是在马克思主义政党理论方面表现尤为明显。

（一）《共产党宣言》的发表为无产阶级带来希望的曙光

在马克思主义的两位创始人看来："共产党人的理论原理，绝不是以这个或那个世界改革家所发明或发现的思想、原则为根据的。这些原理不过是现存的阶级斗争、我们眼前的历史运动的真实关系的一般表述。"[①]1848年2月，马克思、恩格斯总结工人运动的经验，结合自己的理论成果，联合写作并出版了《共产党宣言》，这是第一部正式问世的"马克思主义"著作，第一次系统地、完整地阐述了马克思主义的基本原理，第一次实现了马克思主义与工人运动的相结合，并从此成为无产阶级认识世界和改造世界的思想武器。也正是自《共产党宣言》问世起，关于无产阶级政党的学说正式创立。恩格斯说，《共产党宣言》是"全部社会主义文献中传播最广和最具有国际性的著作，是从西伯利亚到加利福尼亚的千百万工人公认的共同纲领。"

① 马克思、恩格斯：《共产党宣言》，《马克思恩格斯选集》第1卷，人民出版社2012年版，第413—414页。

知识链接

《共产党宣言》

《共产党宣言》(又译《共产主义宣言》)是马克思和恩格斯为共产主义者同盟起草的纲领，全文贯穿马克思主义的历史观，是马克思主义诞生的重要标志。1848年2月,《共产党宣言》在伦敦第一次以单行本问世。《共产党宣言》第一次全面系统地阐述了科学社会主义理论，指出共产主义运动将成为不可抗拒的历史潮流。在《共产党宣言》中，马克思、恩格斯对建立一个无产阶级政党进行了集中的阐述。这种论述，既同历史上的资产阶级政党划清了界限，又同当时已经存在的非科学社会主义政党划清了界限，为工人阶级建立自己的政党，实现自己的历史使命指出了正确的道路。同时，这种论述奠定了无产阶级政党的理论基础，对于党的建设具有重要的理论和实践意义。

(二)列宁主义是马克思主义在帝国主义阶段的新发展

在20世纪初的俄国，列宁主义完成了对马克思主义的第一次继承与发展。列宁把马克思主义基本原理同俄国具体实际相结合，对资本主义发展到垄断阶段的新的实际进行了科学分析，阐述了关于俄国无产阶级在社会主义革命中的任务和策略，提出了“一国胜利论”。在这一理论的指导下，俄国十月革命取得了胜利，成功截断了资本主义链条中的薄弱环节，建立了世界上第一个社会主义国家——苏联，使马克思主义的科学社会主义由理论转变为现实。在这一过程中，列宁领导创建了一个新型的无产阶级政党，提出了无产阶级先锋队理论，还对无产阶级政党执政后如何进行党的建设进行了创造性思考，系统提出了思想建设、组织建设和作风建设理论，开了无产阶级执政党理论建设的先河。

（三）马克思主义只有与中国实际相结合才能真正解决中国的问题

在处于半殖民地半封建社会的中国，毛泽东思想实现了马克思列宁主义基本原理与中国革命具体实践相结合，成为继列宁主义之后对马克思主义的第二次继承与发展。以毛泽东同志为主要代表的中国共产党人运用和发展了马克思列宁主义，成功地指导了中国工人阶级政党的建设问题。在小农经济普及、经济文化非常落后的旧中国，在长期被敌人分割的农村根据地和白色恐怖下的城市，建设起一支团结统一、纪律严明、英勇善战的工人阶级先锋队，是中国共产党建设的伟大工程，也是世界政治史上的创举。

随着社会主义建设的不断推进，和平与发展成为当代世界的时代主题。面对国际形势风云变幻，以邓小平同志为主要代表的中国共产党人，借鉴中国和其他社会主义国家兴衰成败的经验教训，在当代中国实行改革开放和社会主义现代化建设的伟大变革中，继续丰富和发展了马克思列宁主义、毛泽东思想，形成了邓小平理论。

党的十三届四中全会以来，以江泽民同志为主要代表的中国共产党人坚持马克思主义思想路线，准确把握时代特征，科学判断我们党所处的历史方位，围绕建设中国特色社会主义这个主题，集中全党智慧创立了“三个代表”重要思想，进一步回答了什么是社会主义、怎样建设社会主义的问题，创造性地回答了在长期执政的历史条件下建设什么样的党、怎样建设党的问题，是对马克思列宁主义、毛泽东思想、邓小平理论的继承和发展，实现了我们党在指导思想上的又一次与时俱进。

迈入 21 世纪，我们党的指导思想也紧紧跟随新世纪的步伐与时俱进。党的十六大以来，以胡锦涛同志为主要代表的中国共产党人，紧密结合新世纪新阶段国际国内形势的发展变化，提出以人为本、实现科学发展、构建社会主义和谐社会、建设社会主义新农村、建设创新型国家、树立社会主义荣辱观、推动建设和谐世界、加强党的先进性建设等重大战略思想和重大战略任务，形成了科学发展观，在新的历史起点上把马克思主义中国化继续推向前进。

中国特色社会主义进入新时代，使中国的发展站到一个新的历史方位上。什么是新时代？习近平总书记这样回答：党的十九大作出中国特色社会主义进入新时代这个重大政治论断，我们必须认识到，这个新时代是中国特色社会主义新时代，而不是别的什么新时代。站在新的历史方位上，我们党高度重视理论建设，富于理论创造精神的宝贵传统没有丢，与时俱进的理论品格没有变。聆听时代声音，反映实践要求，谱写伟大思想新篇章，是党团结带领人民不断从胜利走向胜利的重要法宝。党的十八大以来，以习近平同志为核心的党中央毫不动摇坚持和发展中国特色社会主义，勇于实践、善于创新，深化对共产党执政规律、社会主义建设规律、人类社会发展规律的认识，形成习近平新时代中国特色社会主义思想，为在新的历史条件下深化改革开放、加快推进社会主义现代化提供了科学理论指导和行动指南。党的十九大报告把十八大以来党的理论创新成果概括为新时代中国特色社会主义思想，再次实现了党的指导思想的与时俱进。

三、指导思想在党章中的与时俱进

“与时俱进”一词由来已久，早在100多年前，蔡元培先生就已经提出文化界应当摒弃糟粕、与时俱进。然而，在近代中国的百年发展史中，真正把与时俱进这一理念落实在行动中、使自己的理论和指导思想不断与时俱进，把一脉相承的科学理论作为指导思想不断写入自己的奋斗章程的，只有中国共产党。我们党是以马克思列宁主义为行动指南建立起来的现代政治组织，历次党代表大会都将修改党章列为重要议程，党的全国代表大会根据党的理论创新和实践发展的需要对党章进行修改已经成为党的一个惯例，在党章修改中体现与时俱进的品质要求，不断推动党的事业发展壮大和党的理论创新。每一次党章的修改，都是有一定的历史和时代背景的，都体现着我们党与时俱进、锐意进取、不断改革发展的新的经验。纵观党章的修改和完善历程，实际上也是全党不断总结经验的过程，是提出正确的理论和规范统一全党思想的过程。

（一）毛泽东思想与马克思列宁主义作为党的指导思想首次被写入党的章程

中国共产党成立之初的一段时期内，并未将马克思主义作为明确的指导思想，而是教条主义地理解、运用马克思主义，这给中国革命和中国共产党带来了惨痛的教训，共产党人最终意识到马克思主义的普遍真理必须同中国革命的具体实践相结合。在严酷的斗争现实面前，以毛泽东同志为代表的老一辈无产阶级革命家，创造性地把马克思列宁主义基本原理同中国革命的具体实践结合起来，形成了一个符合中国实际的革命理论——毛泽东思想。1945年，抗日战争胜利前夜，党的七大将毛泽东思想确立为党的指导思想并写入党章，第一次将马克思主义中国化的理论成果——毛泽东思想确立为全党的指导思想，实现了中国共产党在指导思想上的第一次历史性飞跃。在毛泽东思想的指导下，中国共产党在思想上、政治上和组织上达到了前所未有的团结和统一，党领导的革命事业取得了关键性的进展。在社会主义制度建立、社会主义各项事业建设的过程中，毛泽东思想也发挥了极为重要的指导作用。

（二）党的指导思想伴随社会主义建设实践的推进而不断丰富发展

当发展着的实践呼唤理论的进步时，中国共产党人清醒地意识到，马克思列宁主义、毛泽东思想从未过时，它们的真理性从未失去，然而，要把改革开放真正向纵深推进，必须以新的理论创新引导实践。从 1978 年真理标准问题的大讨论、党的十一届三中全会的召开使党重新确立了解放思想、实事求是的思想路线，到党的十四大将邓小平理论的主要内容作出新的概括和阐述，邓小平理论逐步发展成熟。党的十四大以后，邓小平理论又在指导实践中不断巩固并接受检验，在其指导下，我国的社会主义建设实践取得了举世瞩目的成就，这说明邓小平理论是顺应时代潮流、符合社会主义建设规律的正确理论。党的十五大，将其载入党章作为全党的指导思想。

随着改革开放的不断深入和社会主义市场经济体制的初步建立，中国社会发生了广泛而深刻的变化，人民内部矛盾日趋复杂化和多样化，党的领导集体正处于新老交替的重要时刻。在这样的情况下，作为世界上最大发展中国家和最大社会主义国家的中国的执政党，中国共产党尤其需要紧密结合实际，积极探索在新形势下加强党的建设的有效途径和办法，全面从严治党，进一步提高全党特别是党的干部队伍的素质，使我们党经得起任何风险的考验，始终走在时代的前列。基于对国际局势的科学认识和把握、基于对党的历史方位和现实状况的科学判断，我们党再次凝聚集体智慧的结晶，提出了“三个代表”重要思想。这一党在理论创新方面的重大成果，反映了当代世界和中国的发展变化对党和国家工作的要求，是加强和改进党的建设、推进我国社会主义自我完善和发展的强大理论武器。2002 年 11 月 8 日至 14 日，党的十六大召开，提出全面建设小康社会的战略目标，并把“三个代表”重要思想写入党章，与马克思列宁主义、毛泽东思想、邓小平理论一起作为党必须长期坚持的指导思想，赋予了党的各方面建设以丰富的时代内容，为党的建设的部署提供了思路和规范。

改革进入攻坚时期，我国在经济、社会等方面都进入了矛盾频发期，承受着来自各个方面的压力和挑战。在科学发展观的指导下，我国在治国理政的各个方面都取得了重要成就，制定的推动科学发展的政策措施和形成的体制机制，使制约科学发展的突出问题，以及涉及群众切身利益的实际问题都得到了有效解决。科学发展观这一理论自身又得到了进一步的丰富和发展，被列为党的指导思想的时机和条件已经完全成熟。党的十八大将科学发展观作为党的指导思想列入党章，既符合形势变化发展需要，又符合全党、国家和全国各族人民的意愿。

（三）科学理论在新时代的发展是与时俱进的题中应有之义

面对当今时代前所未有的百年大变局，中国也迎来了前所未有的发展机遇。在党的十八大之后，我们在世界政治经济甚至新技术格局发生剧变的情况下，就政府机构改革和职能转变、全面深化改革、全面推进依法治国、制定“十三五”规划、全面从严治党等重大问题作出决定和部署。我们统筹推进“五位一体”总体布局、协调推进“四个全面”战略布局，“十二五”规划胜利完成，“十三五”规划顺利实施，党和国家事业全面开创新局面。经济建设取得重大成就，全面深化改革取得重大突破，民主法治建设迈出重大步伐，思想文化建设取得重大进展，人民生活不断改善，生态文明建设成效显著，强军兴军开创新局面，港澳台工作取得新进展，全方位外交布局深入展开，全面从严治党成效卓著。这些成就是全方位的、开创性的，这些变革是深层次的、根本性的。我们党以巨大的政治勇气和强烈的责任担当，提出一系列新理念新思想新战略，出台一系列重大方针政策，推出一系列重大举措，推进一系列重大工作，解决了许多长期想解决而没有解决的难题，办成了许多过去想办而没有办成的大事，推动党和国家事业发生历史性变革。党的十八大以来，党带领人民勇于探索、勇于实践、勇于总结，使马克思主义与中国特色社会主义实践不断结合，使马克思主义中国化的理论成果不断涌现，形成了习近平新时代中国特色社会主义思想。

中国特色社会主义进入新时代，迫切需要新的理论指导我们进行伟大斗争、建设伟大工程、推进伟大事业、实现伟大梦想。党的十九大修改党章，把习近平新时代中国特色社会主义思想同马克思列宁主义、毛泽东思想、邓小平理论、“三个代表”重要思想、科学发展观一道确立为党的指导思想，有利于更好地把新时代中国特色社会主义推向前进，是党心所向、民心所望。

《共产党宣言》发表以来的实践证明，马克思主义只有与本国国情相结合、与时代发展同进步、与人民群众共命运，才能焕发出强大的生命力、创造力、感召力。在当代中国，坚持马克思列宁主义、毛泽东思想，最重要的就是坚持中国特色社会主义理论体系，就是要用中国特色社会主义理论体系，尤其是习近平新时代中国特色社会主义思想武装头脑，指导实践。

延伸阅读

1. 马克思、恩格斯：《共产党宣言》，《马克思恩格斯选集》第1卷，人民出版社2012年版。

2.《中国共产党章程》（中国共产党第十九次全国代表大会部分修改，2017年10月24日通过）。

深度思考

1. 1883年3月，马克思逝世三天后，恩格斯在《在马克思墓前的讲话》中说："3月14日下午两点三刻，当代最伟大的思想家停止思想了。"1999年，英国广播公司评选千年思想家，马克思高居榜首。为什么过了一个多世纪，马克思及其思想还具有如此巨大的影响力？

2. 为什么说马克思主义的产生是人类历史上的伟大变革？

3. 马克思主义自诞生起，已经经过了列宁主义、毛泽东思想、邓小平理论、"三个代表"重要思想、科学发展观和习近平新时代中国特色社会主义思想等多个发展阶段，是不是已经实现了理论的终结？

第二章

建国伟业：中国人民站起来了

在艰苦卓绝的革命历程中，以毛泽东同志为主要代表的中国共产党人，团结带领全国各族人民浴血奋战，完成了北伐战争、土地革命、抗日战争、解放战争等一系列伟大斗争，取得了新民主主义革命的胜利，实现了民族独立和人民解放，建立了中华人民共和国。新中国的成立，使人民成为国家、社会和自己命运的主人，实现了中国从几千年封建专制制度向人民民主制度的伟大跨越，实现了中国高度统一和各民族空前团结，彻底结束了半殖民地半封建社会的历史，彻底结束了一盘散沙的局面，彻底废除了列强强加给中国的不平等条约和帝国主义在中国的一切特权。中国人民从此站立起来了！中华民族发展进步从此开启了新的历史纪元。

知识链接

中国人民站起来了！

“中国人民站起来了！”是毛泽东在1949年9月的全国政协会议上所说的，它的意思是说中国人民从此翻身解放，实现当家作主。

1949年9月21日，毛泽东在中国人民政治协商会议第一届全体会议上发表了题为《中国人民站起来了》的开幕词。9月30日，他为这次会议起草的宣言指出：“当着我们举行会议的时候，中国人民已经战胜了自己的敌人，改变了中国的面貌，建立了中华人民共和国。我们四万万七千五百万中国人现在是站立起来了，我们民族的前途是无限光明的。”从此，“中国人民站起来了！”“中国人民从此站立起来了！”成为人们表达历经艰难困苦的民族获得新生的无比自豪、自信、自强的话语。

一、新民主主义革命取得胜利是历史的必然

近代以来，灾难深重的中华民族不断寻找民族独立的出路，社会各阶层都为此进行了不懈努力。然而，不论是农民阶级的义和团运动、封建地主阶级的洋务运动，还是民族资产阶级的辛亥革命，都没能最终拯救国家沦陷于半殖民地半封建社会的悲惨命运。1921 年，中国共产党成立后，无产阶级和全体劳苦大众在中国共产党的领导下进行的新民主主义革命，使得中国革命的面貌焕然一新。回溯这 28 年奋进道路，不难看出，中国革命的胜利绝非偶然，而是有着深刻的社会根源和深厚的群众基础。

（一）广大群众和各界人士的广泛参与和有力支持，为中国革命奠定胜利基础

在帝国主义、封建主义、官僚资本主义三座大山的残酷压迫之下，中国人民不甘沦为亡国奴，走上了反帝反封建反官僚资本主义斗争的伟大道路。由于历史和阶级的双重局限性，当时的中国社会除了无产阶级外的其他各阶级都无法担当救国图存的历史使命。与世界上第一个社会主义国家苏联不尽相同的是，中国的资本主义先天不足，作为无产阶级主体的产业工人数量不多，但规模相对集中，他们与农民阶级有着无法割裂的天然联系，很容易结成稳固的同盟者；中国资产阶级软弱无力，城市小资产阶级

更是逐渐沦为被剥削、被压迫者。

此时，工人、农民、城市小资产阶级最终成为中国革命的主要力量。在他们中间，涌现出了无数无畏的英雄和不屈的战士。随着斗争的发展，民族资产阶级也逐步向共产党靠拢，这种现象曾经被人称作“开万国未有之奇”。没有广大人民和各界人士的广泛参加和大力支持，中国革命取得胜利几乎是不可能的。

中国反帝反封建的革命，经历了资产阶级及其政党领导的旧民主主义革命和无产阶级及其政党领导的新民主主义革命两个阶段。值得特别注意的是，与旧式的、一般的资产阶级民主主义革命不同，当时中国的新民主主义革命是由无产阶级担任领导阶级的民主主义革命，民族资产阶级是作为革命的依靠力量和参与者而非领导者，革命的目标是反对帝国主义、封建主义和官僚资本主义以实现民族独立与解放，革命的前途是社会主义而非资本主义，革命的指导思想是马克思主义而非资产阶级民主主义。

（二）中国共产党的领导为中国革命胜利提供重要保障

“没有共产党，就没有新中国。”这是中国人民在革命的道路上历经无数挫折与失败，基于自己的切身体验所最终确认的客观真理。中国革命之所以能够走上顺利发展直至胜利的道路，从根本上说，是由于有了中国工人阶级的先锋队——中国共产党的领导。这支先锋队不仅代表着中国工人阶级的利益，更代表着整个中华民族和全中国人民的利益。它以马克思主义的科学理论武装自身，在不断探索中，制定出适合中国情况的、符合中国人民利益的纲领、路线、方针和政策，为中国人民的斗争指明正确的方向。

中国共产党主张建立由工人阶级领导的以工农联盟为基础的人民共和国，经过新民主主义走向社会主义，这赢得了中国最广大人民群众包括民族资产阶级及其政治代表在内的拥护。中国共产党的领导地位和中国共产党引领的发展道路，不是单凭任何人的愿望或意志就能形成的。中国人民接受共产党的领导，走上由新民主主义到社会主义的道路，是人民的选择，是历史的必然。

中国共产党人在革命过程中始终英勇地站在斗争的最前线。中国共产党自 1921 年创建至 1949 年中华人民共和国成立这 28 年的时间里，为中国人民的解放事业牺牲了无数的优秀战士。中国新民主主义革命的胜利，是无数先烈和全党同志、全国各族人民长期牺牲奋斗的结果。其中，革命领袖群体发挥了十分重要的作用。毛泽东是中国共产党的杰出领袖之一，早在大革命失败以前，毛泽东就明确指出无产阶级领导农民斗争的极端重要性。大革命失败后，他是把党的工作重点由城市转入农村，开辟农村包围城市、武装夺取政权成功革命道路的主要代表。如果没有毛泽东多次从危机中挽救中国革命，如果没有以他为核心的党中央指明坚定正确的政治方向，党和人民可能还要在黑暗中摸索更长时间。在长期艰苦的革命斗争中，中国共产党人以行动表明了自己是最有远见、最富于牺牲精神、最坚定而又最能虚心体察民情并依靠群众的坚强革命者，从而赢得了广大中国人民的衷心拥护。

（三）统一战线为中国革命胜利筑起坚强堡垒

同马克思主义理论体系的其他组成部分一样，统一战线的概念和理论也经历了一个由提出到随着实践不断发展的过程。早在 1840 年，恩格斯就已经提出“统一战线”概念，他认为在反对黑暗的宗教势力过程中，社会各阶级阶层都有共同利益，应当结成统一战线。列宁在领导十月革命的过程中继承和发展了马克思主义关于统一战线的理论，提出利用一切机会争取同盟军、在保证无产阶级领导权的基础上建立工农联盟、实行多党合作等具有实践意义的理论。毛泽东结合中国实际进一步完善和发展了统一战线的理论，将统一战线作为中国革命的三大法宝之一。

在中国的革命实践中，各民主党派和无党派民主人士、各少数民族、爱国的知识分子和华侨等，都对中国革命进程的推进发挥了积极作用。大批志士仁人在反独裁、争民主的斗争中上下求索，通过组建不同的政党表达自己的政治主张。在20世纪初中国政治生活领域陆续诞生的300余个政党中，最终只有中国共产党是民心所向、众望所归的政党。诸如张澜、沈钧儒、黄炎培、马叙伦、许德珩等许多民主党派领导人，在辛亥革命之后的数次革命浪潮中历经巨变，矢志不渝地追求救国救民之真理，最终他们都先后成了共产党的亲密朋友，选择追随中国共产党领导的伟大事业。即使在最艰苦的年代，他们也始终坚持革命的立场，与中国共产党站在一起，成为中国共产党的可靠同盟军，为革命的胜利作出了重要贡献。

（四）国际无产阶级和劳苦大众向中国革命伸出援助之手

毕生致力于全世界无产阶级解放事业的马克思与恩格斯，以自己所创立的科学理论始终为无产阶级战胜资产阶级提供理论与实践指导。在《德意志意识形态》中，马克思已经就世界历史理论进行了相应论述，提出世界历史从区域史走向世界史，共产主义理想从一国走向多国，将人类命运紧密联系在一起的重要观点。

进入20世纪，列宁在继承和发展了马克思主义建党理论的基础上创建了布尔什维克党，领导了俄国十月革命，建立了世界上第一个社会主义国家，同时也将马克思主义的世界历史理论推向前进，提出在全世界范围内以暴力革命的方式推翻资产阶级统治的理论设想。在这一理论的影响下，欧洲掀起了无产阶级革命的浪潮，至第二次世界大战结束，欧洲大陆上先后涌现出了波兰人民共和国、罗马尼亚社会主义共和国、保加利亚人民共和国、阿尔巴尼亚社会主义人民共和国、匈牙利人民共和国、捷克斯洛伐克共和国、南斯拉夫社会主义联邦共和国和德意志民主共和国八个社会主义国家。

20世纪中叶的亚洲，中国人民争取民族独立和自身解放的斗争，已经成为世界无产阶级革命和殖民地半殖民地人民革命斗争不可分割的重要组成部分。虽然曾经受到“左”倾路线的严重影响，以至于中国革命出现了一些重大挫折，但不可否认的是，在中国革命曲折前行的过程中，苏联和共产国际提供了军事、物资、人员、技术等不可多得的重要援助。第二次世界大战结束之时，中国的解放战争正在如火如荼地进行，新民主主义革命的最终胜利尚未取得，欧洲社会主义国家的成立使得帝国主义在世界范围内的势力受到削弱，其他各国共产党也纷纷针对本国的资本主义开展斗争，中国革命获得了宝贵的援助，来自帝国主义的压迫得到相当大程度的缓解。可以说，中国革命能够赢得胜利，同全世界无产阶级和人民群众的支持也是分不开的。正如毛泽东曾经说过的，假如没有苏联的存在和人民民主国家的出现，没有被压迫民族的斗争和资本主义国家人民的斗争，堆在中国人民头上的国际反动势力不知要大多少倍，在这种情况下，我们是不可能胜利的；胜利了，要巩固，也不可能。

为了中国人民的解放事业，很多国际友人不远万里来到中国，支持中国人民的伟大斗争。在这些国际主义战士中，有建立国际安全区拯救25万无辜群众的拉贝，有医者仁心、救死扶伤的医生白求恩、柯棣华、马海德，有穿梭于战区维修通信设备的林迈可，等等。他们不计回报，甘于付出，把青春和热血献给了中国大地，有些人甚至为此付出宝贵的生命，永远长眠于他们曾经战斗过的土地上。

二、新民主主义革命胜利得益于三大法宝

近代中国的历史经验表明，没有中国共产党的坚强领导，中国人民革命的胜利是不可能的。中国共产党之所以能够把革命引向胜利，一条根本性的经验就是坚持把马克思列宁主义基本原理和中国革命具体实践结合起来，不断推进马克思主义中国化的事业。正是遵循这一发展路线，中国共产党才总结发展出中国化的马克思主义理论——毛泽东思想，并在这一思想的指引下制定了正确的理论、纲领、路线、方针和政策，最终找到了适合本国国情的革命道路。

中国共产党在领导人民革命的过程中，积累了丰富经验，锻造出了有效的克敌制胜的强大武器，毛泽东在总结新民主主义革命斗争经验的基础上，形象地将这些宝贵经验称为中国革命的三大法宝。

知识链接

中国革命的三大法宝

1939 年，毛泽东在《〈共产党人〉发刊词》中，总结了共产党领导中国革命的斗争经验，指出：“统一战线，武装斗争，党的建设，是中国共产党在中国革命中战胜敌人的三个法宝，三个主要的法宝。”

1949 年，毛泽东在《论人民民主专政》中对三大法宝的内容和意义作了更加完整的概括，指出：“一个有纪律的，有马克思列宁主义的理论武装的，采取自我批评方法的，联系人民群众的党。一个由这样的党领导的军队。一个由这样的党领导的各革命阶级各革命派别的统一战线。这三件是我们战胜敌人的主要武器。依靠这三件，使我们取得了基本的胜利。”

（一）建立广泛的统一战线

在新民主主义革命时期，团结一切可以团结的力量、建立广泛的统一战线，是中国共产党坚持和发展革命的政治基础。顾名思义，统一战线指的是代表社会不同阶级的政治组织和社会阶层、利益集团，在共同目标面前结成的政治同盟。由于中国人民受到帝国主义、封建主义和官僚资本主义三座大山的严重压迫，在中国建立革命统一战线的群众基础是十分广泛的。

中国共产党领导新民主主义革命的过程和建立广泛的统一战线的过程交织在一起，密不可分。在辛亥革命后的大革命中，中国共产党通过第一次国共合作团结了工人、农民、城市小资产阶级，组成统一战线，共同进行反帝反封建运动；大革命失败后，在土地革命时期，中国共产党联合工人、农民、知识分子和其他劳动者构建起工农民主统一战线继续革命；在日寇入侵、民族危亡之际，中国共产党积极推动第二次国共合作，联合工人阶级、农民阶级、小资产阶级和民族资产阶级等一切可以团结的抗日力量，结成抗日民族统一战线，历经 14 年浴血奋战，取得了抗日战争的伟大胜利；在国民党背弃合作、悍然发动内战时，中国共产党团结各民族、各民主阶级、各民主党派、各人民团体、广大华侨、各界民主人士及其他爱国分子和国民党集团进步派形成人民民主统一战线，为新中国的成立奠定了最为广泛的群众基础。

纵观统一战线在新民主主义革命不同历史时期的理论与实践可以看出，在中国共产党的团结和推动下，统一战线中始终存在着两个联盟：一个联盟是工人阶级同农民和其他劳动人民的联盟，主要是工农联盟，这是统一战线中最为主要和基本的方面，是中国共产党必须长期坚持依靠的力量；另一个联盟是工人阶级同民族资产阶级和其他可以合作的非劳动人民的联盟，主要是同民族资产阶级的联盟，有时还包括与一部分大资产阶级的暂时的联盟，作为统一战线中辅助的方面，这一联盟同时又是不可或缺的重要方面，是需要我们党不断巩固和扩大的。

在巩固和扩大统一战线的过程中，最为关键的是坚持工人阶级及其政党的领导权。为此，必须率领同盟者向共同的敌人作坚决的斗争并取得胜利；必须对被领导者给予物质福利，至少不损害其利益，同时对被领导者给予政治教育；必须对同工人阶级争夺领导权的资产阶级采取又联合又斗争的政策。

（二）坚持革命的武装斗争

中国的革命为什么必须走武装斗争的道路？这其中既有历史原因，又有现实原因。作为一个处于半殖民地半封建社会的国家，中国要想推翻同帝国主义相勾结的反动集团，唯一的出路就是进行长期的、彻底的武装斗争。毛泽东认为，离开了武装斗争，就没有共产党的地位，就不能完成任何革命任务。然而，这一历史性结论的获得也经历了一个逐渐认识的过程。中国共产党建立之初并没有自己的武装组织，而是效仿俄国十月革命，把革命的重点放在宣传马克思主义思想、教育工人阶级和发动工人运动上，从李大钊、陈独秀在《新青年》上宣扬马克思主义观点，到第一次国共合作后共同领导第一次国内革命反对北洋军阀统治，再到蒋介石发动“四一二”反革命政变、汪精卫发动“七一五”反革命政变，大批优秀共产党人惨遭屠杀，年轻的中国共产党都没有牢牢把握革命武装的领导权，以至于轰轰烈烈的大革命最终以失败落幕。血的教训使共产党人最终清醒地意识到，只有掌握革命武装，才能取得斗争的胜利。

知识链接

“枪杆子里面出政权”与三大起义

第一次国内革命失败后，面对国民党向共产党人举起的霍霍屠刀，面对异常严峻的革命形势，1927 年 8 月 1 日，中国共产党人在南昌打响了武装反抗国民党反动统治的第一枪，从此揭开了中国共产党独立领导武装斗争与创建属于自己的革命队伍的序幕。随后，中共中央于 8 月 7 日在湖北汉口紧急召开会议，史称“八七”会议。在这次会议上，毛泽东没有照搬苏联的革命经验，而是以巨大的理论和政治勇气，结合中国当时国情提出了“枪杆子里面出政权”的著名论断，指出“以后要非常注意军事。须知政权是由枪杆子中取得的”。此后相继举行的秋收起义和广州起义，都是中国共产党领导的大规模武装斗争。虽然这三次武装起义先后受挫，最终未能夺取中心城市领导权，但却对中国共产党真正掌握革命武装起到了重要的奠基作用。

为了坚持和发展中国革命，必须建立一支在工人阶级政党绝对领导的、具有严格纪律的、同人民群众保持亲密联系的新型人民军队。没有一支人民的军队，便没有人民的一切。这支军队必须实行一系列具有中国特点的人民战争的战略战术。“八七”会议结束后，毛泽东在江西永新三湾村领导了举世闻名的“三湾改编”，将工农革命军第一军第一师余部缩编为一个团，提出“支部建在连上”，确立了中国共产党对革命军队的绝对领导，自此，中国共产党终于有了属于自己的武装力量。随后，毛泽东率领这支工农革命军进军井冈山，与朱德率领的南昌起义余部胜利会师，大大壮大了红军的力量。

与俄国十月革命完全不同的是，中国的武装斗争实质上是工人阶级领导的农民战争。经历了三大起义的失败后，中国共产党人深刻意识到，在中国这样一个落后的农业大国中，革命斗争必须深入农村，发动和武装农民，在农村建立革命根据地，以农村包围城市，才能逐步地争取革命的胜利。在井冈山，党领导人民军队按照“敌进我退，敌驻我扰，敌疲我打，敌退我追”的游击战十六字方针，开展游击战争，领导农民打土豪分田地，实行工农武装割据，创立了党领导下的第一个农村革命根据地。在斗争实践中，毛泽东逐渐摸索出了适合中国国情的革命发展规律，先后撰写了《中国的红色政权为什么能够存在？》《井冈山的斗争》《星星之火，可以燎原》等著作，最终形成了农村包围城市、最后夺取全国胜利的革命道路。

（三）加强共产党自身的建设

如前所述，处于半殖民地半封建社会的中国外无民族独立，内无人民民主，在这样一个农民和其他小资产阶级占人口大多数的国家，建设一个工人阶级先锋队的党，可谓任务极其艰巨，而毛泽东建党学说成功地解决了这个难题。

中国共产党的建设，是紧紧围绕党的政治路线进行的，注重在端正思想路线的基础上，制定和贯彻执行党的正确的政治路线。

中国共产党首先着重进行党的思想建设尤其是理论建设，要求党员认真学习和运用马克思主义的立场、观点、方法，解决实践中遇到的问题，努力用工人阶级思想克服资产阶级、小资产阶级思想，解决思想上入党的问题；坚持一切从实际出发、实事求是的思想路线；培育和发扬理论联系实际、密切联系群众、批评和自我批评的作风；在党内斗争中实行“惩前毖后，治病救人”的方针，并创造了整风等新形式，在全党通过批评和自我批评进行马克思主义思想教育。

同最广大人民群众取得最密切的联系，这是中国共产党区别于其他任何政党的一个显著标志。由于坚持全心全意为人民服务的根本宗旨，一切从人民的利益出发，坚持相信群众、依靠群众的方针，坚持“从群众中来、到群众中去”的工作路线，中国共产党能够受到人民真心的拥护和支持，能够使自己不断地从群众中汲取智慧和力量，从而克服前进道路上的各种困难和风险，最终赢得胜利。

中国共产党正是遵循毛泽东建党学说，在长期的斗争实践中，把自己锻炼成了一个有纪律的、有马克思列宁主义的理论武装的、采取自我批评方法的、联系人民群众的党，成了掌握统一战线和武装斗争这两个武器以实行对敌冲锋陷阵的英勇战士，成了全国各族人民坚强的领导核心。

三、新中国成立开华夏亘古未有之先河

革命的根本问题是国家政权问题。毛泽东在回顾中国共产党走过的历史道路时指出：“总结我们的经验，集中到一点，就是工人阶级（经过共产党）领导的以工农联盟为基础的人民民主专政。”①

历经大革命、土地革命、抗日战争、解放战争等一系列艰苦卓绝的革命斗争，在经过了 28 年奋斗后，中国共产党领导中国人民推翻了帝国主义、封建主义和官僚资本主义的统治，取得了新民主主义革命的胜利。1949 年 10 月 1 日，开国大典在天安门广场隆重举行。毛泽东向全世界庄严宣告：“中华人民共和国中央人民政府今天成立了！”他亲手按动电钮，第一面五星红旗冉冉升起。30 万军民欢呼雀跃、掌声雷动，热烈庆祝新的主权国家成立。几千年来受压迫、受奴役的中国人民从此成了国家和社会的主人。

① 毛泽东：《论人民民主专政》，《毛泽东选集》第 4 卷，人民出版社 1991 年版，第 1480 页。

（一）开启了中国历史的新纪元

新民主主义革命的胜利、中华人民共和国的成立，在辽阔的中国大地上，结束了100多年来中华民族遭受帝国主义侵略、封建主义统治和官僚资本主义联合压迫与剥削的历史，结束了国家战乱频仍、四分五裂的局面和军阀割据、匪患不断的历史，彻底改变了半殖民地半封建的社会性质，实现了中国人民梦寐以求的民族独立和人民解放，形成了国家基本统一，国内各民族、各阶层人民空前团结的社会政治局面，使中华民族呈现出美好光明的前景，开启了中华民族伟大复兴的历史新纪元。中国人民真正成为新国家、新社会的主人，中华民族以崭新的姿态屹立于世界民族之林。

人民民主专政的国家政权在全国范围内的建立，是中国人民革命取得全国胜利的基本标志。以工人阶级领导的、以工农联盟为基础的人民民主专政的国家制度作为国体，以民主集中制的人民代表大会制度作为政体，以民族区域自治制度作为国家结构形式，以中国共产党领导的各党派团体和各族各界代表人士进行政治协商、民主监督、参政议政的制度，构成了新中国基本政治制度的四个基本方面。而其中的国体，即工人阶级领导的、以工农联盟为基础的人民民主专政的国家制度，具有最根本的意义和决定性的作用。在开国大典之前，毛泽东主持召开中央人民政府委员会第一次会议，一致决议接受《中国人民政治协商会议共同纲领》为施政纲领。被任命为中央人民政府和政务院机构负责人的，包括中国共产党、各民主党派、海外华侨和其他爱国民主人士等各方面的优秀代表人物、知名人士和专家，充分体现了中国共产党领导的多党合作的方针和人民民主政权的特色。

随着争取民族独立、人民解放历史任务的胜利完成，中华民族开始了为实现国家繁荣富强、人民共同富裕而奋斗的新的征程，党的历史揭开了新的篇章。这是中国由近代衰落走向强盛的历史转折点，它为中国在共产党领导下彻底改变半殖民地半封建社会积贫积弱的状况，向着社会主义现代化迈进创造了前提。

（二）从根本上改变了中国社会的发展方向

中国人民革命的胜利，为实现由新民主主义到社会主义的转变和建立社会主义制度、进行社会主义现代化建设，扫清了主要的障碍，创造了政治的前提；为实现国家富强和人民幸福，实现中华民族伟大复兴，开辟了广阔的道路。

新中国在政治上实现了独立。全体人民的社会地位得到了提高，人民民主专政的实行使得国家一切权力属于人民，不再受地主阶级和封建主义的压迫。中国从此走上了独立、民主、统一的道路，开始了向社会主义过渡的新时期。而政治上的独立，为新中国在其他各领域的独立奠定了基础。

新中国在经济上实现了独立。尽管历经多年战争导致国民经济积贫积弱，但政治上的独立使得中国的民族企业再也不用怕被外来资本吞噬，党和国家的根本任务开始转向经济建设与建立社会主义制度。面对着千疮百孔、遍体鳞伤的中国，中国共产党人果敢坚决地通过一系列有力的经济手段，从而理顺了供求关系、稳定了市场秩序、成功抑制了恶性通货膨胀。这为实现国家财经状况的根本好转创造了条件，同时也为社会主义制度的建立奠定了重要基础。

新中国在外交上实现了独立。新中国成立的第三天，苏联政府就决定同中华人民共和国建立外交关系。1949 年 10 月 3 日，中苏正式建交，苏联成为第一个承认中华人民共和国的国家。中华人民共和国作为主权国家开始了对外交往上的独立自主，随着我国同主要社会主义国家陆续建立起外交关系，世界社会主义国家阵营更加团结、力量更加强大。

在巨大胜利的鼓舞下，全国各族人民革命热情高涨。党的各级组织和人民军队，在建立新政权的工作中表现出全心全意为人民服务的精神、艰苦奋斗的作风和严明的纪律，令广大人民耳目一新。工农群众满怀翻身的喜悦，全力以赴恢复生产重建家园；青年学生和知识分子欢欣鼓舞，踊跃参加革命工作；民主党派及工商界人士珍视来之不易的机遇，愿为建设新中国贡献力量；旅居海外的学者、科学家纷纷回国参加建设。许多中间人士，包括从反动营垒中分化出来的人士，主动向党和政府靠拢，要求重新学习，以适应新的形势。解放区和原国民党统治区的党的力量、革命力量会合起来，更有力地发挥组织动员作用。中华大地上呈现出万象更新的局面。

（三）深刻影响了世界政治格局

中国人民革命的胜利，不单是中国的伟大胜利，也是具有世界意义的伟大胜利。它是继俄国十月社会主义革命和世界反法西斯战争胜利之后世界历史中最重大的事件。它在一个人口占全人类近 1/4 的大国里，冲破帝国主义封锁的东方战线，极大地改变了世界的政治格局，壮大了世界和平、民主和社会主义的力量，鼓舞了世界被压迫民族和被压迫人民争取解放的斗争，从而受到世界人民的欢迎和支持。

（四）证明了马克思列宁主义的真理性

为了挽救处于半殖民地半封建社会的中国，农民阶级、封建地主阶级、民族资产阶级都进行过不懈努力，太平天国运动、洋务运动、维新变法、辛亥革命等先后失败。正在诸路不通之时，马克思主义给中国带来了希望的曙光。新民主主义革命的胜利，就是在马克思列宁主义的指导下取得的。如果说俄国十月革命胜利、第一个社会主义国家的成立是马克思主义在无产阶级对于资产阶级斗争实践中的第一次胜利，那么新民主主义革命的胜利、中华人民共和国的成立则再一次以雄辩的事实证明了马克思列宁主义的真理性。马克思主义作为科学的理论体系，从来都不是僵化不变的，在与俄国工人运动相结合的过程中，列宁主义将马克思主义发展到了一个新阶段，使之增添了关于在帝国主义阶段进行工人运动的新内容；而在与中国革命实践相结合的过程中，毛泽东思想又将马克思列宁主义发展到了一个新阶段，使之增添了在半殖民地半封建社会的中国进行革命斗争的新内容。

在实践中发现真理、在实践中检验真理、在实践中发展真理，这一认识的发展过程本身就是马克思主义真理性的最好说明。中国共产党在面对马克思主义的理论时，同样经历了一个理解、接受、运用、发展的过程，也曾犯过“拿来主义”“本本主义”的错误，最终才创造性地运用马克思列宁主义的基本原理，把它同中国革命的具体实践结合起来，找到了夺取中国革命胜利的正确道路。

延伸阅读

1. 毛泽东：《中国的红色政权为什么能够存在？》，《毛泽东选集》第1卷，人民出版社1991年版。

2. 毛泽东：《中国革命战争的战略问题》，《毛泽东选集》第1卷，人民出版社1991年版。

3. 毛泽东：《实践论》，《毛泽东选集》第1卷，人民出版社1991年版。

深度思考

1. 中国共产党为什么能从20世纪初的中国社会中同时并存的300余个政治组织中脱颖而出，最终成为中国革命的领导力量?

2. 农村包围城市、最后夺取全国胜利的革命道路，是以毛泽东同志为主要代表的中国共产党人在领导中国革命实践中逐步摸索出来的一条具有中国特色的发展道路和总战略。中国革命为什么必须走“农村包围城市”的道路?

3. 为什么说中华人民共和国的成立标志着新民主主义革命取得了胜利?

第三章

伟大变革：社会主义基本制度的确立

新中国成立前夕，中共中央在西柏坡召开党的七届二中全会，毛泽东高瞻远瞩地指出："夺取全国胜利，这只是万里长征走完了第一步。如果这一步也值得骄傲，那是比较渺小的，更值得骄傲的还在后头。……中国的革命是伟大的，但革命以后的路程更长，工作更伟大，更艰苦。"① 诚然，取得革命胜利把中华民族的历史向前推进了一大步，但接下来中国共产党将要面对的还有恢复国民经济、建立社会主义制度、建立独立自主的外交关系等一系列艰巨而重大的工作，正可谓任重道远。

从 1949 年至 1952 年，以毛泽东同志为主要代表的中国共产党人，把工作重心由农村转移到城市，领导全国各族人民为巩固人民民主政权而斗争，基本上完成土地制度改革和其他民主改革任务，取得抗美援朝战争的胜利，迅速恢复遭到严重破坏的国民经济，为向社会主义转变进而实现工业化准备了条件。1953 年党提出过渡时期的总路线，开始实行第一个五年计划的大规模经济建设，到 1956 年，基本完成对生产资料私有制的社会主义改造，初步建立起社会主义基本经济制度，成功实现了中国历史上最深刻最伟大的社会变革。在探索过程中，虽然经历了严重曲折，但党在社会主义建设中取得的独创性理论成果和巨大成就，为新的历史时期开创中国特色社会主义提供了宝贵经验、理论准备、物质基础。

① 毛泽东：《在中国共产党第七届中央委员会第二次全体会议上的报告》，《毛泽东选集》第 4 卷，人民出版社 1991 年版，第 1438 页。

一、新中国成立之初面临诸多困难和严峻考验

新中国成立之初，面临着错综复杂的国内国际形势，在军事上、经济上、外交上均面临诸多困难和严峻考验，可谓困难重重。能不能保卫胜利果实、巩固新生的人民政权，能不能战胜严重的经济困难、迅速恢复和发展国民经济，能不能捍卫民族独立、维护国家主权和稳定，能不能当好权、执好政，继续保持艰苦奋斗、不骄不躁的作风，都是摆在中国共产党面前亟待解决的重大课题。

（一）国民党残余势力不断负隅顽抗

中国共产党领导中国人民取得革命的胜利首先是在军事上取得胜利。从 1948 年到 1949 年，中国共产党指挥人民军队与国民党军进行了大决战，辽沈战役、淮海战役和平津战役这三大战役奠定了解放战争的最终胜局。人民解放战争获得基本胜利但尚未完全结束，大量的战争遗留问题没有得到解决。一方面，除台湾外，沿海岛屿还有舟山、马祖、金门、海南尚待解放；两广，云、贵、川，新疆、西藏都在国民党的统治下，战争还要继续进行。国民党虽然败退台湾，但百足之虫死而不僵，上百万残余国民党军还在西南、华南和沿海岛屿负隅顽抗，并同当地恶霸势力相勾结，以土匪游击战的方式做垂死挣扎，严重危害了当地新生的人民政权和人民群众生命财产安全。另一方面，在广大的新解放地区，国民党在溃逃时有计划地遗留下潜伏特务等大批残余力量，仅西南四省就设立了 35 个特务组织、潜伏了千余名敌特分子，光是秘密电台就设立了 140 多部。他们想尽一切办法，通过投毒、暗杀、刺探情报、煽动暴乱等手段大肆破坏新生的人民

政权，他们寄希望于帝国主义对中国内政的干涉和所谓“第三次世界大战”的爆发，妄图卷土重来。

（二）千疮百孔的经济烂摊子

中国的工农业生产原本就远远落后于世界其他国家的水平，多年战乱几乎对这一脆弱的经济体系造成了灭顶之灾，使生产力水平大幅度下滑，新中国成立时，工农业生产水平甚至远未达到抗日战争前的状态。农业方面，抗日战争以前全国粮食最高产量为 2800 亿斤，而 1949 年大约只有 2240 亿斤。1950 年计划增产 100 亿斤，距离战前最高水平还相差很远；棉花产量则只有战前的一半。工业方面，1949 年的现代工业只占我国工农业总产值的 17%，主要产品同历史最高年产量相比均有大幅度减少，煤年产量减少了 48%，铁年产量减少了 86%，钢年产量减少了 83%，棉纺织品年产量减少 25% 以上。新中国面前所呈现的，就是这样一幅工农业生产萎缩、交通亟待恢复、商品流通不畅、水旱灾害严重、民生困苦无依的惨淡图景。不仅如此，由于国民党政府长期滥发纸币，造成严重的通货膨胀，投机猖獗，市场混乱。

中国共产党和人民政府有没有能力制止严重的通货膨胀，把经济形势稳定下来，把生产恢复起来，使自己在经济上从而在政治上站住脚跟，这在当时是比剿匪更加困难的新的严峻考验。面对此种困境，毛泽东有着清醒认识和客观评价：“我们的情况概括地说来就是：有困难的，有办法的，有希望的。我们的财政情况是有困难的，我们必须要向人民说明我们的困难所在，不要隐瞒这种困难。但是我们同时也必须向人民说明，我们确实有办法克服困难。我们既然有办法克服困难，我们的事业就是有希望的，我们的前途是光明的。我们的情况会一年比一年好起来，估计明年要比今年好。在三年五年的时间内，我们的经济事业可以完全恢复；在十年八年的时间内，我们的经济就可以得到巨大的发展。”①

（三）以美国为首的国际经济封锁和军事包围

新中国刚刚成立，就得到苏联和欧亚一些国家的承认。印度、缅甸、瑞典、瑞士等国也经过谈判，确认同国民党政府断绝外交关系而同新中国建交。英国很早也承认新中国，但它在同国民党政府断交和支持恢复新中国政府在联合国的合法席位的问题上采取暧昧态度，建交谈判只能搁浅。

妄图称霸全球的美国，在其“扶蒋反共”政策失败之后，仍然不肯放弃与中国人民为敌的立场，拒绝承认新中国，并且竭力阻挠其他国家承认新中国，阻挠恢复我国在联合国的合法席位，企图在政治上孤立新中国，在经济上实行封锁，在军事上实行包围。中国共产党和中国人民能不能在同美帝国主义的较量中取得胜利，这又是一个严峻考验。

知识链接

《中苏友好同盟互助条约》

1949 年 12 月，毛泽东访问苏联。1950 年 2 月 14 日，双方签订了《中苏友好同盟互助条约》，同年 4 月 11 日起生效，有效期为 30 年，这对中国来说是很重要的国际支持。这个条约取消了 1945 年 8 月签订的不平等的《中苏友好同盟条约》。条约由中华人民共和国总理兼外长周恩来和苏联外长安德烈·维辛斯基在莫斯科克里姆林宫签

① 毛泽东：《有困难，有办法，有希望》，《毛泽东文集》第 6 卷，人民出版社 1999 年版，第 24 页。

署。从20世纪60年代起，中苏两国关系恶化，该条约名存实亡，期满后也没有再延长。

（四）党的自身建设面临巨大考验

在胜利面前，中国共产党人没有飘飘然，而是防微杜渐，及时在全党打“预防针”。早在全面胜利到来之前，毛泽东就以远见卓识预见到了革命胜利后我们党将要面临自身建设的重大问题，在党的七届二中全会上的讲话中，他特别强调：“敌人的武力是不能征服我们的，这点已经得到证明了。资产阶级的捧场则可能征服我们队伍中的意志薄弱者。可能有这样一些共产党人，他们是不曾被拿枪的敌人征服过的，他们在这些敌人面前不愧英雄的称号；但是经不起人们用糖衣裹着的炮弹的攻击，他们在糖弹面前要打败仗。我们必须预防这种情况。……务必使同志们继续地保持谦虚、谨慎、不骄、不躁的作风，务必使同志们继续地保持艰苦奋斗的作风。”[①] 在胜利面前，中国共产党人面临着因革命胜利而可能滋长的骄傲自满、享乐腐化等腐朽思想的侵蚀的危险；面临着在全新任务面前能否学会全新本领的挑战；面临着成为执政党后中国共产党自身队伍建设的新考验。这种考验是指在进入繁华城市、执掌全国政权、从事和平建设的全新历史条件下，党能不能继续保持同人民群众的血肉联系，能不能经受住执政的考验，继续保持实事求是、谦虚谨慎和艰苦奋斗的优良传统，不被权力、地位和资产阶级的捧场所腐蚀。为此，毛泽东谆谆告诫全党，要防止执政后的贪污腐化现象。

① 毛泽东：《在中国共产党第七届中央委员会第二次全体会议上的报告》，《毛泽东选集》第4卷，人民出版社1991年版，第1438—1439页。

二、大刀阔斧为社会主义改造创造条件

在严峻的形势面前，巩固新生的人民政权、迅速恢复和发展国民经济这两个方面的重大任务是新中国面临的首要任务。从 1949 年 10 月到 1952 年年底，经过全国人民三年多的艰苦奋斗，遭到严重破坏的国民经济得到全面恢复，并有了初步发展。国民经济的恢复，使社会经济结构得到优化。这三年多，党和政府坚持贯彻新民主主义的纲领，从总体上把握恢复和发展生产这一中心任务，使国民经济得到全面恢复和初步发展。同时，抓紧进行新民主主义的改革，对近代中国留下的政治遗产、经济遗产、文化遗产进行了慎重、彻底的清理和改造，取得了祛除腐败政治、改组国民经济、安定社会秩序、形成全民族共识、增强社会凝聚力、保卫国家安全的巨大成功，树立了崭新的国家形象，进而保证整个国家从新民主主义稳步向社会主义迈进。

（一）制定和实施新中国外交方针稳住阵脚

新中国成立初期至 20 世纪 50 年代末，我国实行了以“另起炉灶”“打扫干净屋子再请客”“一边倒”等三大外交政策为主要内容的外交战略。顾名思义，“另起炉灶”，指的是与之前中国的屈辱外交彻底决裂，不承认国民党政府同各国建立的旧的外交关系，主张在平等、互利及互相尊重主权的基础上，经过谈判与世界各国重新建立外交关系；“打扫干净屋子再请客”，指的是不急于解决帝国主义对中国的承认和建交问题，而是对之前中国同外国签订的一切条约和协定重新加以审查，待清除帝国主义在中国的特权与残余势力，废除一切不平等条约，清除帝国主义在华特权和影响之后，再请外国客人进来；“一边倒”，指的则是要站在当时以苏联为首的和平、民主阵营的一边，与苏联结成同盟，与其他社会主义国家一道，和以美国为首的西方资本主义国家进行斗争，以此来维护国家的安全，巩固社会主义政权，促进国家经济的恢复与发展。

但是，“一边倒”并不意味着新中国的外交政策丧失独立性而跟着苏联亦步亦趋，并不意味着中国成为苏联的“卫星国”，中国的外交政策仍然是独立自主的，中国与苏联是平等的。平等原则、独立自主原则是中国外交的基本原则。“一边倒”战略方针是新中国政府从维护国家安全与利益出发，独立自主地制定出来的。

（二）国民经济全面恢复

经济上，新中国继承的是一个千疮百孔的烂摊子。中央人民政府通过没收官僚资本，把它们改造成为社会主义国营企业，同时废除了帝国主义在中国的一切特权，收回了被霸占的海关权，控制了对外贸易，实行了外汇管理。被没收的官僚资本企业及以各种方式接收的外国资本企业，都变成了新民主主义国家的国营企业，再加上解放区原有的公营经济，新中国最终建立起国营经济，控制住了国民经济命脉。国营经济的建立，为巩固新生的人民政权、同投机资本作斗争、恢复国民经济以及对各种经济形式进行社会主义改造创造了物质条件。

知识链接

“银元之战”和“米棉之战”

新中国成立初期，市场不稳、物价飞涨。为了制止由于投机资本操纵而加剧的市场混乱，平抑物价，党和政府果断采取有力的经济措

> 施和必要的行政手段，相继组织了同投机资本作斗争的两次大“战役”。在“银元之战”中，国家规定人民币为唯一合法货币，各大城市军管部门和人民政府明令严禁金条、银元、外币在市场上自由流通，一律由人民银行挂牌收兑。在上海，投机商对此置若罔闻，继续扰乱金融市场，甚至扬言：解放军进得了上海，人民币进不了上海。对此，上海市人民政府果断行动，出动军警查封了金银投机大本营“证券大楼”，逮捕法办首要投机分子238名，严厉打击了破坏金融的非法活动，巩固了人民币的地位，对稳定市场起到了重要作用。“银元之战”后，投机资本家不甘心失败，又将投机目标转向粮食、棉纱、棉布、煤炭市场，开始哄抬物价，其中上海涨价尤甚。中央人民政府依靠刚刚建立起来的强大的社会主义国营经济，在全国范围内调动和集中足够的粮食、棉布、棉纱等重要物资，连续集中抛售，有力地平抑了物价，使投机商人的阴谋彻底破产。事实证明，共产党不仅能在军事上、政治上取得胜利，更能把经济工作做好。

与此同时，中央政府采取了一系列措施，大力恢复和发展生产，打击投机资本、稳定市场、控制物价，统一了全国财政经济。同时，开展了废除封建土地制度、镇压反革命运动、社会各方面的民主改革等活动。

针对不法资本家的违法活动和某些干部受到腐蚀、堕落变质等现象，1951年年底到1952年10月，中共中央在党政机关工作人员中开展了“反贪污、反浪费、反官僚主义”的“三反”运动，给广大干部敲响了警钟；在私营工商业者中开展的“反行贿、反偷税漏税、反盗骗国家财产、反偷工减料、反盗窃国家经济情报”的“五反”运动，打击了资产阶级的违法行为。同时还完成了新解放区土地制度的改革，镇压了反革命，对教育科学文化事业进行了很有成效的改造，迅速恢复了遭到严重破坏的国民经济。

（三）巩固和捍卫新生的人民政权

在华南、西南、华东、西北、华北、东北，哪里有国民党残余部队，哪里土匪为患，人民解放军就挺进到哪里。在进行了长达四年多的集中剿匪行动后，解放军共歼灭一百多万土匪特务，缴获大量枪支弹药和其他物资，肃清了国民党反动派在大陆的残余武装力量，消除了匪患。在长江以南广大的新解放地区，中央人民政府颁布了《中华人民共和国土地改革法》，规定废除地主阶级封建剥削的土地所有制，实行农民的土地所有制。之后，土地改革运动在新解放区广泛开展，到 1953 年春，全国除新疆、西藏等少数民族地区以及台湾省外，基本上完成了土地改革任务，我国存在两千多年的封建土地所有制从此被彻底消灭。

在群狼环伺的国际环境中，新中国坚决捍卫了领土和主权完整。1950 年 6 月 27 日，美国出兵侵略朝鲜，并派第七舰队开进台湾海峡。面对美军对中国东北近邻的入侵和对我国安全的威胁，中共中央作出出兵朝鲜的重大战略决策。7 月 10 日，“中国人民反对美国侵略台湾朝鲜运动委员会”成立，抗美援朝运动自此开始。10 月上旬，鉴于美帝国主义不顾中国政府的一再警告，把战火烧到我国东北边境，严重地威胁我国安全，中共中央根据朝鲜党和政府的请求和祖国安全的需要，作出了抗美援朝、保家卫国的战略决策。10 月 8 日，毛泽东发出《给中国人民志愿军的命令》，命令中国人民志愿军“迅即向朝鲜境内出动，协同朝鲜同志向侵略者作战并争取光荣的胜利”。10 月 19 日，中国人民志愿军到达朝鲜前线，拉开了抗美援朝战争的序幕。1953 年 7 月，战争双方签订《朝鲜停战协定》，从此抗美援朝胜利结束。在抗美援朝、保家卫国战斗中，中国人民志愿军得到了全国各族各界人民的全力支持，得到了以苏联为首的社会主义阵营的配合。抗美援朝战争的胜利，粉碎了美国妄图干涉朝鲜内政、并吞全朝鲜的企图，保卫了朝鲜民主主义人民共和国的独立。

三、社会主义经济制度的建立

新中国成立后，在短短 3 年内就根本扭转了国民党反动统治留下的混乱局面，实现了政治、经济、社会的稳定，各方面都取得了超出预期的成绩。中共中央决定从 1953 年起执行我国发展国民经济的第一个五年计划，并提出向社会主义过渡的总路线。

（一）提出党在过渡时期的总路线

1952 年，我国面临的形势是，土地改革在全国范围基本完成，恢复国民经济的任务顺利实现，朝鲜停战且谈判双方在主要问题上达成协议，战争可望不久结束。形势的发展表明，国家具备了开展大规模经济建设的条件。

在取得巨大成就的同时，我国社会生活中出现和积累了一些新的矛盾，需要党采取新的方针来解决社会经济中的矛盾问题。这样，就把对国民经济实行系统的社会主义改造的任务提到日程上来。根据认识的变化和进行大规模经济建设的要求，1952 年，毛泽东提出“中国怎样从现在逐步过渡到社会主义去”的指导方针和大致设想。经过反复酝酿，1953 年 6 月 15 日，中央政治局扩大会议对此进行讨论，毛泽东在会上对党在过渡时期总路线的基本内容作了比较完整的表述，后来正式表述为：从中华人民共和国成立，到社会主义改造基本完成，这是一个过渡时期。党在这个过渡时期的总路线和总任务，是要在一个相当长的时期内，逐步实现国家的社会主义工业化，并逐步实现国家对农业、对手工业和对资本主义工商业的社会主义改造。1954年2月，党的七届四中全会通过决议，正式批准中央政治局确认的这条总路线。

在贯彻总路线的过程中，党探索并稳妥解决了社会主义改造的具体途径问题。对个体农业，是在互助组的基础上，发展土地入股的初级农业生产合作社，逐步过渡到土地公有的高级农业生产合作社，实现农业集体化。对个体手工业也采取类似的方法，逐步实现手工业集体化。关于资本主义工商业如何向社会主义过渡，党在恢复经济的实践中创造了并肯定了：经过国家资本主义完成对私营工商业的社会主义改造，是较健全的方针和办法。

（二）有计划的经济建设和社会主义工业化的起步

1952年12月，《中共中央关于编制一九五三年计划及五年建设计划纲要的指示》指出："工业化的速度首先决定于重工业的发展，因此我们必须以发展重工业为大规模建设的重点。……首先保证重工业和国防工业的基本建设，特别是确保那些对国家起决定作用的，能迅速增强国家工业基础与国防力量的主要工程的完成。"这个重大决策，是同当时我国处于帝国主义的经济封锁和军事威胁的现实国际环境分不开的。

为准备进行有计划的经济建设，我国从1951年就着手编制第一个五年计划。1953年起，一面开始实施，一面继续讨论修改，到1954年形成草案。"一五"计划确定的经济建设指导方针，突出了集中主要力量发展重工业、建立国家工业化和国防现代化初步基础的核心要点，同时要求相应地发展交通运输业、轻工业、农业和商业；相应地培养建设人才；保证国民经济中社会主义成分的比重稳步增长；保证在发展生产的基础上逐步提高人民物质生活和文化生活水平等。

“一五”计划在编制和实施过程中，较好地处理了我国经济建设中的几个重大关系问题。1956 年，中央进一步提出建立独立完整的工业体系的方针，这些对于后来国际关系发生剧烈变化时我国能够坚持独立自主的立场，具有深远的意义。

（三）引导个体农业手工业走合作化道路

对农业的社会主义改造，在三大改造中列为首位。提倡个体农民“组织起来”，走共同富裕的社会主义道路，这是党的一贯主张。农业社会主义改造是通过合作化运动实现的，仅用四五年的时间就基本完成了 5 亿农民从个体小农经济向社会主义集体经济的转变。个体手工业的社会主义改造，坚持自愿互利的原则，通过说服教育、典型示范和国家援助的方法引导他们在自愿的基础上联合起来，走合作化的道路，最后发展到社会主义性质的手工业生产合作社。

（四）对资本主义工商业的社会主义改造

新中国成立之前，民族资本主义经济处在“三座大山”的夹缝之中，举步维艰、曲折发展。新中国成立初期，一方面，民族资本主义经济本质上仍然具有剥削工人的剩余劳动的性质，抑制了劳动者的生产积极性，与社会化大生产的有计划按比例的要求不相适应。另一方面，民族资本主义经济能吸收工人就业，提供税收，丰富市场，起到有利于国计民生的作用。因而国家对民族资本主义经济的改造没有采取没收或挤掉的办法，而是采取和平赎买的方针。

巩固的人民民主专政和强大的国营经济以及牢固的工农联盟为和平改造提供了客观条件。新中国对资本主义工商业的社会主义改造，本着对资本主义工商业实行利用、限制、改造的政策，逐步把生产资料的资本主义所有制改造成为社会主义的公有制的原则进行，这是社会主义经济改造的重要内容之一。在人民民主专政条件下，我们通过多种国家资本主义形式，把民族资本主义经济改造成社会主义国营经济。国家资本主义成为对资本主义工商业改造的主要形式，具体实现路径则采取循序渐进的方式，分为包括加工、订货、统购包销、委托经销代销等在内的初级形式的国家资本主义，以及包括个别企业的公私合营和全行业的公私合营等形式在内的高级形式的国家资本主义这样两个步骤。

1956 年 1 月，全国性的全行业公私合营从北京开始，很快，全国大城市和 50 多个中等城市先后实现了全部资本主义工商业的全行业公私合营，不到一年时间，私营工业人数的 99% 转为公私合营，私营商业人数的 85% 转为国营或合作社营、公私合营的合作商店、小组，我国基本上完成了对资本主义工商业的社会主义改造。企业的生产资料归国家统一调配、统一管理和统一使用，工人成为企业的主人，资本家成为社会主义国家自食其力的劳动者。

（五）三大改造的基本完成与社会主义基本经济制度的确立

在过渡时期，我们党创造性地开辟了一条适合中国特点的社会主义改造的道路。对资本主义工商业，我们创造了委托加工、计划订货、统购包销、委托经销代销、公私合营、全行业公私合营等一系列从低级到高级的国家资本主义的过渡形式，最后实现了马克思和列宁曾经设想过的对资产阶级的和平赎买。对个体农业，我们遵循自愿互利、典型示范和国家帮助的原则，创造了从临时互助组和常年互助组发展到半社会主义性质的初级农业生产合作社，再发展到社会主义性质的高级农业生产合作社的过渡形式。对于个体手工业的改造，也采取了类似的方法。在改造过程中，国家资本主义经济和合作经济表现了明显的优越性。

经过一系列努力，到1956年，全国绝大部分地区基本上完成了对生产资料私有制的社会主义改造。这项工作中也有缺点和偏差。在1955年夏季以后，农业合作化以及对手工业和个体商业的改造要求过急，工作过粗，改变过快，形式也过于简单划一，以致在长期内遗留了一些问题。1956年资本主义工商业改造基本完成以后，对于一部分原工商业者的使用和处理也不很适当。但整体而言，在一个人口大国中比较顺利地实现了如此复杂、困难和深刻的社会变革，促进了工农业和整个国民经济的发展，这的确是伟大的历史性胜利。对个体农业、手工业和资本主义工商业的社会主义改造，是符合历史发展趋势和加快建设工业化的客观需要的。在中国实现不同形式的社会主义公有制，这样深刻的社会变革是在保证经济发展、社会稳定的情况下完成的，基本上得到人民群众的拥护，这是很难做到而确实做到了的事情。以新的实践丰富科学社会主义理论，这是中国共产党的一个独创性经验。

四、社会主义政治制度的确立

在人民民主专政的新中国，人民是国家和社会的主人，人民行使国家权力的机关是人民代表大会，而确保人民行使权力的制度则是人民代表大会制度。我国社会主义社会的根本政治制度的确立，是以制定第一部宪法——《中华人民共和国宪法》来实现的。

（一）社会主义社会的根本政治制度确立

1949 年的秋天，国民党的军事力量已经土崩瓦解，阶级力量对比发生了根本性变化，革命即将获得全国性胜利。革命胜利后将要建立一个什么样的国家，如何把革命胜利的成果用法律形式固定下来，并且规定新中国成立后的大政方针作为全国人民共同遵循的准则，以便团结全国各族人民把革命和建设事业继续推向前进，这就迫切需要制定一部具有根本法性质的文件。但在当时中国还未全部解放，战争尚在进行；反革命势力还很猖獗，各项社会改革尚未开展；社会秩序还不够安定；遭受长期战争破坏的国民经济尚未恢复；人民群众的组织程度和觉悟程度尚未达到应有的水平。因此，还不能立即召开由普选产生的全国人民代表大会，以及制定一部完善的正式宪法。在这种情况下，中国共产党邀请各民主党派、人民团体、人民解放军、各地区、各民族以及国外华侨等各方面的委员，组成中国人民政治协商会议，代表全国各族人民的意志，在普选的全国人民代表大会召开以前代行全国人民代表大会的职权。

1949 年 9 月，中国人民政治协商会议第一届全体会议选举了中央人民政府委员会，通过了起临时宪法作用的《中国人民政治协商会议共同纲领》（简称《共同纲领》）。在新中国成立初期的一段时间内，《共同纲领》得到认真贯彻执行，全国人民在共产党的领导下，在各项事业上都取得了辉煌的成就。剿匪除特任务和新解放地区土地改革的完成，抗美援朝的胜利，新疆、西藏的和平解放等等，都为第一部宪法的制定准备了成熟的条件。

1954 年 9 月，第一届全国人民代表大会第一次会议在北京隆重举行。这次大会的首要任务，是审议通过《中华人民共和国宪法草案》。会上，毛泽东致题为《为建设一个伟大的社会主义国家而奋斗》的开幕词，刘少奇代表宪法起草委员会作《关于中华人民共和国宪法草案的报告》。大会一致通过的《中华人民共和国宪法》，是中华人民共和国的第一部宪法，是对中国人民100多年以来为新中国诞生而英勇斗争的历史经验的总结，也是对中华人民共和国成立以来新的历史经验的总结。宪法肯定了中国共产党领导中国人民走过的新民主主义革命道路，并且用法律的形式把中国共产党在过渡时期的总路线作为全国人民在过渡时期的总任务确定下来。宪法以中国共产党提出的“党在过渡时期的总路线”作为国家的总任务，并把党所创建的基本制度、制定的基本方针和重要政策予以宪法化、条文化，为我国后来的民主建设与制度建设奠定了基础。

知识链接

从《共同纲领》到中华人民共和国第一部宪法

1953年年底，毛泽东率领陈伯达、田家英、胡乔木等人到达杭州，开始了正式起草宪法的工作。从1954年1月9日到3月9日，经过两个多月的努力，完成了100条条文的草稿。对此草稿，经过中央、宪法起草委员会等多次上上下下的讨论，于1954年9月20日，获第一届全国人民代表大会的一致通过，予以颁布实施，这就是1954年宪法。第一部宪法除序言外，包括总纲，国家机构，公民的基本权利和义务，国旗、国徽、首都等4章106条。

这部宪法以《共同纲领》为基础，又是《共同纲领》的继续和发展。《共同纲领》中有关国家政治制度、经济制度、军事制度、文化教育之策，以及民族政策的基本原则，已被实际生活证明符合中国实际情况，在宪法中被肯定下来；同时根据新民主主义向社会主义过渡的需要，规定了过渡时期的总任务、实现这一任务的具体方法和步骤；对国家机构和公民的基本权利、义务作了更加具体的规定。1954年宪法总结了我国人民长期革命斗争的历史经验，特别是新中国成立初期社会主义事业的胜利成果和经验，它的颁布实行，对于巩固胜利成果、推动社会主义事业的前进，起了巨大的历史作用。

这部社会主义类型的宪法，充分体现了人民民主原则和社会主义原则。与其他国家宪法相比，中华人民共和国第一部宪法除了规定了公民的基本权利和义务、使中国人民的基本人权在新中国第一次获得了宪法保障之外，最为重要的意义在于进一步确立了我国社会主义社会的根本政治制度。同时，宪法把中国人民行使国家当家作主权利的政治制度用根本大法形式确定下来，规定了作为国家主人的人民行使国家权力的机关是全国人民代表大会和地方各级人民代表大会，而这些权力机构的产生则一律实行民主集中制。宪法指明了为建立社会主义社会继续奋斗的正确道路，明确规定了我国向社会主义过渡的方向和途径，也就是通过社会主义工业化和社会主义改造，保证逐步消灭剥削制度，建立社会主义社会。

由此，我们国家体制的格局在宪法中得到确立：全国人民代表大会即最高国家权力机关；国务院（当时是政务院）即中央人民政府，是最高国家权力机关的执行机关，是最高国家行政机关。全国人民代表大会的召开，标志着人民代表大会制度作为我国的根本政治制度的确立。这是党带领中国人民沿着社会主义道路前进的制度保障。

（二）中国共产党领导的多党合作和政治协商制度确立

一个国家实行什么样的政治制度和政党制度，是由该国的政治经济状况、民族文化传统和特定的社会历史条件等共同作用的结果。我国确立和实行中国共产党领导的多党合作和政治协商制度，是由中国的特殊国情决定的，是历史的必然选择。近代以来，中国的半殖民地半封建社会性质、民族资产阶级天生具有软弱性和妥协性、资产阶级民主政治先天不足且畸形发展，这些因素都决定了西方两党制和多党制在中国没有生存的土壤，不会给中国带来民族独立和国家富强。

新中国成立初期，除了作为执政党的中国共产党外，还有中国国民党革命委员会、中国民主同盟、中国民主建国会、中国民主促进会、中国农工民主党、中国致公党、九三学社、台湾民主自治同盟 8 个民主党派。这些民主党派在中华人民共和国成立之前就已存在。它们在政治上拥护中国共产党的领导，这是它们在与中国共产党长期合作、共同奋斗过程中作出的历史抉择。革命胜利之际，面临着有的民主党派宣布解散、共产党内也有人认为民主党派没有必要存在的问题，以毛泽东同志为主要代表的中国共产党人以极高的政治智慧和政治远见，及时做工作保留了 8 个民主党派。在此基础上，中国人民政治协商会议得以召开，《共同纲领》顺利颁布。

第一届全国人大一次会议召开后，中国人民政治协商会议第一届全体会议执行全国人民代表大会职权的任务宣告结束。1954 年 12 月，中国人民政治协商会议第二届全国委员会第一次会议在北京召开，讨论并通过新的《中国人民政治协商会议章程》，指出："中国人民政治协商会议在中国共产党领导下，将继续通过各民主党派、各人民团体的团结，更广泛地团结全国各族人民，共同努力，克服困难，为建设一个伟大的社会主义国家而奋斗。”全国政协二届一次会议，解决了全国人民代表大会召开后人民政协的性质、地位、作用和任务的问题，解决了政协与人大、政府之间的关系和相互配合问题，进一步巩固了人民民主统一战线，为我国长期坚持中国共产党领导的多党合作和政治协商的社会主义基本政治制度奠定了基础。

追根溯源，马克思和恩格斯当年在深刻分析和批判揭露资产阶级两党制和多党制虚伪性、欺骗性的基础上，曾提出政党合作的理论构想。列宁在领导俄国革命的斗争中对这一构想努力进行实践，但由于俄国资产阶级及其政党敌视苏维埃政权，拒绝与布尔什维克党合作，这一构想在俄国最终没能实现，取而代之的是苏联的社会主义一党制。第二次世界大战结束后，一些东欧社会主义国家和许多摆脱西方殖民统治的亚非拉国家也纷纷效仿苏联实行一党制。中国共产党坚持从中国国情出发，既没有照搬照抄西方国家的两党制和多党制，也没有选择一些国家的一党制，而是与各民主党派和无党派人士一起，创立和发展了中国共产党领导的多党合作和政治协商制度这一新型政党制度形式。这一伟大创造，与资本主义政党制度存在本质不同，它是为社会主义的巩固、完善和发展服务的。中国共产党是执政党，民主党派是参政党，不是在野党，更不是反对党；中国共产党和各民主党派有着共同的根本利益和共同的目标，都以建设中国特色社会主义为共同理想。中国共产党和各民主党派地位平等，在长期的共同执政过程中结成了“长期共存、互相监督、肝胆相照、荣辱与共”的坚强同盟。自此之后，在中国革命、建设和改革过程中，中国共产党领导各民主党派和无党派人士，走出了一条中国特色社会主义的政治发展道路。

（三）民族区域自治制度是我国的一项基本政治制度

中国是一个有 56 个民族的国家，各民族在共同创造灿烂中华文明的同时，也存在一些民族问题。自中国共产党成立以来，民族问题始终受到高度重视。在领导中国革命的过程中，根据我们国家的实际情况，中国共产党提出了民族区域自治的主张。

成为执政党后的中国共产党，更需要解决好民族问题，才能更好地领导各民族人民进行社会主义建设。1949 年 9 月，在中国人民政治协商会议第一届全体会议上，经过各民族代表的充分讨论，认为实行民族区域自治是各民族在国内实行平等、团结、联合的最适当形式。1952 年，我国颁布了《中华人民共和国民族区域自治实施纲要》，全国初步建立起一批民族自治地方，组成自治机关行使自治权利，民族区域自治迈出法律化、制度化的重要一步。根据几年来的实践，1954 年宪法将民族自治地方规范为自治区、自治州、自治县三级，县以下的少数民族聚居区设民族乡。

到 1956 年，27 个自治州、43 个自治县在全国范围内建立。1955 年 10 月 1 日，新疆维吾尔自治区宣告成立。此后，广西壮族自治区、宁夏回族自治区相继成立，1965 年西藏自治区正式成立。随着 5 个民族自治区和相关自治州、自治县的先后成立，民族区域自治制度作为我国的基本政治制度得以实现，并在实践中不断积累丰富经验。改革开放后，1984 年 5 月 31 日第六届全国人民代表大会第二次会议通过《中华人民共和国民族区域自治法》。民族区域自治这一伟大的制度创新，对于中国在任何复杂的国际国内环境下，始终保持国家完整统一、促进民族团结互助和民族发展进步，具有重大而长远的意义。

人民代表大会的根本政治制度，中国共产党领导的多党合作和政治协商制度、民族区域自治制度的基本政治制度的确立，构成了我国过渡到社会主义的政治制度体系，这为我国逐步建立起社会主义经济基础和相应的经济制度，从而进入社会主义社会，提供了根本政治保障。

五、社会主义经济制度、政治制度确立的意义

（一）公有制为国家奠定了社会主义的经济基础

1956 年，生产资料私有制的社会主义改造取得了决定性胜利。农业、手工业个体所有制基本上转变成为劳动群众集体所有的公有制。资本主义私有制基本上转变成为国家所有即全民所有的公有制。全行业公私合营以后，资本家不再是原来企业的所有者，而是按照他们的能力被接受为企业的职员，国家对公私合营企业可以按照社会主义的原则进行管理。原私人企业的工人摆脱了雇佣劳动者的地位，成为企业的主人。加上几年来有计划的经济建设全面开展，我国的国民经济中，全民所有制和劳动群众集体所有制这两种公有制经济已经占据主体地位。这标志着公有制占绝对优势的社会主义经济制度在我国初步建立起来。

（二）社会主义经济制度、政治制度充分发挥优势

经济是整个社会的基础。伴随着生产资料公有制的建立和发展，我国确立的社会主义政治制度以及党和国家工作的各个方面，都因适应和服务于社会主义经济制度的建立而得到加强和改善，进一步促进了以社会主义工业化为主体的经济建设的发展。

在政治上，中国共产党发挥着领导全国人民建设社会主义的核心作用。

工人阶级作为人民民主专政国家的领导阶级，其领导地位得到加强，工农联盟以及工人阶级同其他劳动人民的联盟在社会主义基础上进一步巩固。按照民主集中制原则建立的人民代表大会制度，是同新中国的根本性质相联系的。这个制度能够在中国成为适宜的政治制度，是因为它体现了国家由人民当家作主的本质要求，便于人民群众经常通过这样的政治组织参加国家的管理，行使自己的权利，从而充分发挥人民群众的积极性和创造性。中国人民正是用这样的根本政治制度来保证国家沿着社会主义的道路前进。同时，中国共产党领导的多党合作和政治协商基本政治制度的继续发展，民族区域自治基本政治制度的逐步完善，体现了几年来国家基本制度建设取得的丰硕成果。

（三）马克思主义在全国的指导思想地位进一步加强

在思想文化和社会进步方面，在批判封建主义和资本主义腐朽思想的同时，继承和发扬中国传统文化中的精华部分，提倡用现代科学的方法来整理我国优秀的文化遗产，吸收外国的一切有益的文化成果，努力创造民族的科学的大众的文化建设工作已初步开展。广大人民逐渐树立起走社会主义道路的意识，爱国主义、集体主义、为人民服务等观念越来越深入人心。社会主义新型的社会关系及与此相适应的社会道德规范正在形成。

中国共产党的领导、人民民主专政的国家机器、马克思主义在意识形态领域的指导地位，这些日益强大的政治因素不仅保障了我国顺利地过渡到社会主义社会，而且在社会主义改造基本完成以后，担负起为巩固和发展社会主义经济基础服务的历史任务。总的来说，经过几年努力，一个新国家和新社会初步展现在人们面前。人民代表大会制度、中国共产党领导的多党合作和政治协商制度、民族区域自治制度，以及公有制为主体、多种所有制经济共同发展的经济制度，符合我国国情，有利于调动广大人民群众和社会各方面的积极性、主动性和创造性，有利于解放和发展社会生产力，逐步实现国家繁荣富强和人民共同富裕，有利于集中力量办大事，有效应对建设社会主义道路上的各种风险和挑战，有利于维护民族团结、社会稳定、国家统一，集中体现了中国社会主义的特点和优势。

我国进入社会主义社会后，新建立的生产关系还需要不断进行调整。刚刚建立的社会主义物质基础还很不充分，以当时的估计至少需要经过两个五年计划的建设才能打下一个基础，特别是对农业的技术改造和实现农业机械化，还需要花费更长的时间。政治、法律等上层建筑中不适应经济基础的部分，也需要根据新的形势和任务进行调整和改革。社会主义在中国的实践表明，建设社会主义将是一个需要党和人民长期努力的历史过程。社会主义政治制度、经济制度的确立，是中国共产党历史和中华人民共和国历史上的一个重要里程碑，为当代中国的一切发展和进步奠定了制度基础。

延伸阅读

1. 毛泽东：《关于目前国际形势的几点估计》，《毛泽东选集》第 4 卷，人民出版社 1991 年版。

2. 毛泽东：《迎接中国革命的新高潮》，《毛泽东选集》第 4 卷，人民出版社 1991 年版。

3. 毛泽东：《新解放区土地改革要点》，《毛泽东选集》第 4 卷，人民出版社 1991 年版。

深度思考

1. 新中国成立之初，经历了多年战争，国民经济濒临崩溃，人民生活十分困苦，为什么国家在此时作出了抗美援朝的重大战略决策？

2. 官僚资本是如何产生的？中央人民政府为什么要没收官僚资本？

3. 如何从马克思主义哲学的角度理解社会主义基本经济制度和基本政治制度的确立？

第四章

发愤图强：社会主义建设良好开端和曲折发展

从 1956 年社会主义基本制度建立到 1966 年“文化大革命”发动前夕，我党领导全国各族人民进行全面的大规模的社会主义建设，对适合中国国情的社会主义建设道路进行了艰辛探索。以党的八大召开为标志，这一探索取得了初步成果。

在这十年里，我国初步建立起独立的比较完整的工业体系，为社会主义现代化建设奠定了重要的物质技术基础；培养了一大批政治、经济、文化建设等方面的骨干力量；积累了领导社会主义建设的重要经验。同样是在这十年里，我们在探索的道路上也遭遇了“反右派”斗争扩大化、“大跃进”、人民公社化运动等严重失误。觉察失误后，我们党做了纠正“左”倾错误的努力。经过全面调整，国民经济得到比较顺利的恢复和发展。但是，“左”倾错误在经济工作的指导思想上并未得到彻底纠正，在政治和思想文化方面还有发展。这十年走的是一条崎岖、曲折的路，是一条顺利和挫折、成就和破坏、正确和失误相互交错的路。必须看到，在曲折中前进是党在这十年中工作的主导方面。

一、党的八大和对中国社会主义建设道路的探索

社会主义制度在中国建立起来后，社会主义的经济、政治、文化应该怎样建设？社会主义应当怎样巩固和发展？这是一个纵观五千年中华文明发展史而未有先例可循的全新的历史性课题。全党和全国人民精神振奋，急切地想做出一番新的伟大事业，努力探索中国社会主义建设道路。但是，在中国建设社会主义，远比在中国进行民主革命要艰难和复杂得多。在开始建设的时候，唯一可供借鉴的经验是世界上第一个社会主义国家苏联，因此，中国共产党号召“学习苏联”，并且收到过积极效果的一面。然而，苏联经验并不都是成功的，苏联成功的经验并不都适合中国的情况。学习苏联终究不能代替对自己国家发展道路的寻求。在新的使命面前，中国共产党只能根据马克思主义的基本原理同中国实际相结合的原则，总结自己的经验，借鉴外国的经验，在实践中探索前行。在中国共产党第八次全国代表大会召开前后，这种探索有了一个良好开端。

（一）从学习苏联到探索自己的社会主义道路

1956 年 2 月，苏联共产党第二十次代表大会召开，在社会主义阵营引起极大震动和思想混乱。此时，恰逢我国的社会主义改造基本完成，党和国家的工作重心开始转移到发展生产力上面来，新建立的生产关系还不完善，单一公有制和高度集中的计划经济开始暴露出问题，实际生活中出现不少新的社会矛盾。

1956 年 4 月 25 日，毛泽东在中央政治局扩大会议上作《论十大关系》的讲话，经政治局同意后，又于同年 5 月 2 日向最高国务会议作了报告。《论十大关系》总结了我国社会主义建设的经验，提出的基本方针是“一定

要努力把党内党外、国内国外的一切积极的因素，直接的、间接的积极因素，全部调动起来，把我国建设成为一个强大的社会主义国家”，也就是必须根据本国情况走自己的道路。作为毛泽东关于社会主义建设的代表作，《论十大关系》反映了经济发展的客观规律和社会政治稳定的需要，对当时和以后的社会主义建设都有很强的针对性和理论指导作用，也是毛泽东关于怎样建设社会主义的根本指导思想。

知识链接

论十大关系

1956 年 2 月后，毛泽东用了两个多月的时间先后听取了中央 34 个部委的汇报，汇报的内容主要是有关经济建设问题的调查研究。关于正确处理十大关系的思想，就是在这个基础上，经过中央政治局的几次讨论，由毛泽东集中概括。报告论述了十个问题，即十大关系：重工业和轻工业、农业的关系，沿海工业和内地工业的关系，经济建设和国防建设的关系，国家、生产单位和生产者个人的关系，中央和地方的关系，汉族和少数民族的关系，党和非党的关系，革命和反革命的关系，是非关系，中国和外国的关系。这十大关系，一方面是从对我国经济建设问题的总结中提出来的，另一方面是从对苏联经验的鉴戒中提出来的。

与此同时，党中央还在科技和祖国统一等方面提出了一系列新的方针：发出“向现代科学进军”的号召，确定将“百花齐放、百家争鸣”作为发展科学文化事业的指导方针；提出争取用和平方式解决台湾问题，实现祖国完全统一等。《论十大关系》和一系列新方针的提出，展现了党为寻找社会主义建设道路而解放思想、多方探索的生动景象，为党的八大的召开作了重要的思想理论准备。

（二）把党的工作重点转向社会主义建设

1956 年 9 月 15 日至 27 日，中国共产党第八次全国代表大会在北京全国政协礼堂隆重举行。这是党在全国执政后召开的第一次全国代表大会，是显示了党的团结和党的事业兴旺发达的大会。

召开党的八人，是在 1955 年 3 月党的全国代表会议上确定的。此后，党中央召开了一系列会议，准备大会的各项文件，其中最重要的是起草八大政治报告。八大政治报告凝聚了全党的经验与智慧，达到了当时可能达到的最高认识水平。

党的八大正确分析了国内形势和国内主要矛盾的变化，明确规定了党和全国人民在新形势下的主要任务。大会宣布：我国的无产阶级同资产阶级之间的矛盾已经基本上解决，几千年来的阶级剥削制度的历史已经基本上结束，社会主义的社会制度在我国已经基本上建立起来；我国国内的主要矛盾，已经是人民对于建立先进的工业国的要求同落后的农业国的现实之间的矛盾，已经是人民对于经济文化迅速发展的需要同当前经济文化不能满足人民需要的状况之间的矛盾；党和全国人民当前的主要任务，就是要集中力量来解决这个矛盾，把我国尽快地从落后的农业国变为先进的工业国。这些论述的着眼点，在于把我国生产力发展还很落后这一基本国情突出出来，强调在生产资料私有制的社会主义改造已经基本完成的情况下，国家的主要任务已经由解放生产力变为在新的生产关系下保护和发展生产力，全党要集中力量去发展生产力。这个着眼点，历史证明是正确的。

党的八大是一次成功的大会。它宣告了社会主义革命的基本完成和社会主义制度的基本确立，并明确提出了党在今后的根本任务。大会制定的党的路线是正确的，提出的许多新方针和新设想是富于创造精神的。由于我国社会主义建设实践的时间很短，社会主义建设的规律尚未充分显现出来，党在理论上和思想上对社会主义的认识还不够成熟，一些新的观念和方针还未能牢固确立并取得深刻的共识。但是，这次会议对中国建设社会主义道路的探索，站在了比较高的历史起点上，并取得了初步成果。后来的实践已经证明，这些成果对于党的事业的发展有着长远的重要意义。

（三）国民经济发展，“一五”计划顺利完成

以《论十大关系》和党的八大为标志，党对中国社会主义建设道路的探索有了良好开端。到 1957 年年底，我国全面完成国民经济发展的第一个五年计划，取得了巨大成就。五年间，一批煤矿、电站、油矿等能源基地和工业化原料基地的新建、扩建，大幅度提高了工业生产能力，为我国建立独立完整的工业体系奠定了基础。五年间，工农业有较大幅度增长，初步改变了我国工农业总产值中以农业为主的局面。五年间，全国物价基本稳定，人民生活水平逐步有所提高。由于党中央领导集体保持了清醒的头脑和实事求是、民主讨论的作风，全会制定了稳健的 1957 年经济计划，保证了这一年的经济工作成为新中国成立以来效果最好的年份之一。

第一个五年计划是我国大规模现代经济建设的开端。以苏联援建的 156 项工程为中心的工业建设，使我国的工业生产能力和技术水平前进了一大步。“一五”计划的完成，对中国工业化起步具有决定性作用，为社会主义建设积累了宝贵经验。“一五”计划时期的巨大成就雄辩地证明，党的八大把集中力量发展社会生产力作为党和国家的主要任务是完全正确的。

知识链接

“地下工厂”

党的八大召开后，社会主义建设沿着正确的方向迅速发展。这期间，自由市场一度活跃，个体工商户有明显增长，其中还出现人们称之为“地下工厂”的较大的个体户手工业和手工工场。对此，毛泽东提出，“地下工厂”要使它成为地上，合法化。只要有市场、有原料，这样的工厂还可以增加。这些意见得到其他中央领导同志的赞同。刘少奇认为“地下工厂”对人民有利，是对社会主义经济的补充。周恩来提出，主流是社会主义，小的给些自由，这样可以帮助社会主义的发展。这些搞活经济的新思路，是党的八大确认的以国家经营和集体经营为主体、以一定数量的个体经营为补充的政策的新发展，允许一定限度的私人资本主义经营和发展，使之在国家领导下作为社会主义经济主体的补充。

二、全党整风的适时进行与反右派斗争扩大化

1956年6月，波兰波兹南地区由于工人的某些要求没有得到满足而引发流血冲突；同年10月下旬至11月上旬，匈牙利布达佩斯等地发生20万人的示威游行，并演变成反政府的暴乱，国际共产主义运动出现了大的波折。我们国内也出现了由于没有妥善处理人民内部矛盾而引发的一些群众闹事等未曾预料到的问题。面对这些复杂的新情况，党中央和毛泽东深入思考社会主义社会的矛盾，提出了关于正确处理人民内部矛盾的理论。

（一）正确处理人民内部矛盾理论的提出

苏共二十大后，东欧一些社会主义国家对苏联的“大国沙文主义”表示不满，弥漫着动荡不安的气氛。与中国同属新生社会主义国家的波兰与匈牙利，由于一味照搬苏联社会主义建设的经验，罔顾本国国情，致使经济不景气，影响人民生活水平的提高，人们不满情绪滋生，工人游行不断、暴力事件升级，最终导致流血事件和大动乱等严重后果。如果不能正确认识和处理社会主义社会的各种矛盾特别是人民内部矛盾，社会主义制度将难以巩固，社会主义建设将难以进行，这是波匈事件带给人们的沉重警示。

在我国，由于社会改造的急促和变化的深刻，经济建设未能完全克服冒进的影响，领导工作中还存在官僚主义等问题，加上波匈事件的影响，一些地方连续出现不稳定情况。如何吸取苏联和波匈事件的教训，积极面对和解决我国社会主义社会不断出现的新矛盾，成为全党特别是中央领导关心的重大课题。

经过一段时间的观察和思考，毛泽东关于人民内部矛盾的理论逐渐成熟。1957 年 2 月 27 日，他在有 1800 多人参加的最高国务会议第十一次（扩大）会议上作《如何处理人民内部的矛盾》的讲话。讲话稿经补充修改后，以《关于正确处理人民内部矛盾的问题》为题，在 6 月 19 日《人民日报》上公开发表。毛泽东指出：矛盾是普遍存在的，社会主义社会也充满着矛盾，正是这些矛盾推动着社会主义社会不断地向前发展。社会主义社会的基本矛盾仍然是生产力和生产关系、经济基础和上层建筑之间的矛盾，不过这些矛盾同旧社会的矛盾具有根本不同的性质和情况，可以经过社会主义制度本身的自我调整和完善，不断地得到解决。在我国现在的条件下，人民内部矛盾包括：工人阶级内部的矛盾，农民阶级内部的矛盾，工农两个阶级之间的矛盾，工人、农民同知识分子之间的矛盾，工人阶级和其他劳动人民同民族资产阶级之间的矛盾，民族资产阶级内部的矛盾，等等。敌我矛盾需要用强制的、专政的方法去解决，人民内部矛盾只能用民主的、说服教育的、“团结—批评—团结”的方法去解决，决不能用解决敌我矛盾的方法去解决人民内部的矛盾。

毛泽东这一在社会主义时期重要的理论著作，是建立在深入研究社会主义社会的矛盾问题基础上的，形成了一套系统的关于社会主义社会矛盾的学说，在马克思主义发展史上具有开创性意义，为马克思主义理论宝库增添了重要内容，大大丰富和发展了科学社会主义理论，对党和社会主义建设事业具有长远的指导意义。

（二）全面整顿党的作风

根据党的八大精神和现实生活中党内外出现的新情况、新问题，中央决定从整顿党的作风入手，克服官僚主义、宗派主义和主观主义，正确处理人民内部矛盾。

1957 年 4 月 27 日，中共中央正式发出《关于整风运动的指示》，决定在全党进行普遍、深入的反对官僚主义、宗派主义和主观主义的整风运动。该指示强调，这次整风运动，应该是一次既严肃认真又和风细雨的思想教育运动，应该是一个恰如其分的批评和自我批评的运动。开会应该只限于人数不多的座谈会和小组会，应该多采用同志间谈心的方式，即个别地交谈，而不要开批评大会，或者斗争大会。这次整风，以正确处理人民内部矛盾为主题，采取“开门”形式，既在党内开展批评和自我批评，也欢迎党外人士对党和政府、党员干部中的缺点错误提出批评。党希望通过整风，实现又有集中又有民主，又有纪律又有自由，又有统一意志又有个人心情舒畅、生动活泼的政治局面。这些都说明，中国共产党确实诚心诚意希望通过整风，正确处理人民内部包括人民群众同领导者之间的矛盾，克服党内的不良倾向，密切党和人民群众的关系，以此推进党的作风建设。然而，随着整风运动的迅猛开展，许多复杂情况出现了。

（三）反右派斗争扩大化引发严重后果

为了推动这次整风运动的开展，毛泽东邀请各民主党派负责人在天安门城楼上举行座谈，中共中央也发出了《关于请党外人士帮助整风的指示》，中央统战部连续组织了13场各民主党派、无党派民主人士座谈会和工商界人士座谈会，国务院各部门、各省市和一些高等院校的中共党委，也相继召开党外人士座谈会，请他们畅所欲言地对中国共产党工作上的缺点错误提出意见。这种真诚的态度，使党外人士消除了顾虑，鼓起了勇气，提出了大量的批评、意见和建议。其中绝大多数是正确的、善意的，有些批评尽管措辞尖锐，但却切中时弊，十分有益。然而，其中也不乏右倾分子言辞偏激、观点激进的内容，他们甚至对中国共产党的领导、对社会主义制度和国家大政方针提出了根本性的否定。这些错误言论借着整风运动大鸣大放，造成恶劣影响，这种局面是党执政以来未曾遇到过的。

1957年5月14日，中共中央发出了《关于报道党外人士对党政各方面工作的批评的指示》。这是整风运动开始后，在中央文件中第一次提出暴露右倾分子面目的问题，虽然还没有使用“右派进攻”的提法，但已经把“右倾分子”和“反共分子”并列提出来。由于受报刊上和社会上言论的影响，许多大字报带有鲜明的和尖锐的政治性。中央当时认为大字报可以揭露问题、暴露右派、锻炼群众，利多害少。于是，大鸣、大放、大字报、大辩论（通称“四大”）在高等学校和党政机关迅速蔓延，人为地加剧了全国性的政治紧张空气和不稳定状态。

从新中国成立到社会主义改造基本完成，在短短七年里实现这样深刻的社会变革，必然会引起社会各阶级、各阶层的不同反应，人们对这个变革需要有一个观察、适应的过程。在一些人的心中，中国要不要共产党领导和要不要走社会主义道路的问题，并没有完全解决。一小部分人仍存有崇尚西方资本主义政治和经济制度的倾向。在国际国内政治气候的影响下，这种倾向就会突出地表现出来，以致发生极少数人向党、向社会主义进攻的事件。对极少数右派分子的进攻进行反击，对反对党的领导、反对社会主义道路的思潮进行批判，是必要的，也是正确的。整风开始时，中央反复强调不要用对敌斗争的办法来处理人民内部矛盾。但是，在出现极少数右派分子进攻的局势下，由于党没有充分的思想准备和应对这种复杂局面的政治经验，对阶级斗争的形势作了过于严重的估计，把历史转型期新出现的大量人民内部矛盾当作敌我矛盾，把大量思想认识当作政治问题，加上以往长期激烈的阶级斗争历史形成的政治经济的惯性力量，党的各级领导走上开展对敌斗争的群众运动的熟路。反右派斗争被严重扩大化了，这是新中国成立后党的历史上的一大教训。

三、政治上的“左”倾冒进引发社会主义建设的巨大失误

反右派斗争的严重扩大化，使党探索中国社会主义建设道路的良好开端遭受挫折。其最为严重的后果，是动摇和修改了党的八大关于我国社会主要矛盾的正确判断，使社会主义建设偏离了正确的方向。

1958 年 5 月召开的党的八届二次全会提出了“鼓足干劲，力争上游，多快好省地建设社会主义”的总路线。这一路线的出发点是要尽快地改变我国经济文化落后的状况，力图在探索我国建设社会主义的道路上打开一

个新局面。然而事实证明，由于忽视了经济发展的客观规律，过分夸大了主观意志和主观努力的作用，这一路线引发了“大跃进”和人民公社化运动等一系列严重失误，使高指标、瞎指挥、浮夸风、“共产风”等错误大肆泛滥，工农业生产遭到极大破坏，国民经济比例严重失调，人民生活发生严重困难。

（一）社会主义建设总路线的偏离

社会主义制度建立后，毛泽东开始提出“以苏为鉴”、探索中国自己的社会主义建设道路的任务。他回顾这段历史时也曾多次表示，新中国成立初期的前几年搞建设主要是照搬外国经验，自《论十大关系》才开始提出我们自己的建设路线，有了我们自己的一套内容。1956年，虽然党的八大提出了正确的社会主义建设路线，但遗憾的是，作为整风运动配套措施的“反右派”斗争矫枉过正，最终使得党的工作方向偏离了社会主义经济建设的正确方向，转向过于强调社会矛盾、阶级矛盾的“左”倾方向。

历史唯物主义认为，生产力是最革命、最活跃的因素，生产关系一定要适应生产力的发展；同时生产关系对生产力、上层建筑对经济基础又具有反作用，适应时会促进生产力的发展，不适应时就会阻碍生产力的发展。这个“不适应”既包括落后也包括超前。党的八届二次全会通过的社会主义建设总路线及其基本点，其正确的一面是反映了广大人民群众迫切要求改变我国经济文化落后状况的普遍愿望，其缺点是忽视了客观的经济规律，夸大了人的主观能动性对于客观的反作用，同时在生产力水平较弱的基础上人为地使生产关系超前发展，最终的失败已经可以想见。

新的总路线提出后，“大跃进”运动开始了。“大跃进”运动，在生产发展上追求高速度，以实现工农业生产高指标为目标。要求工农业主要产品的产量成倍、几倍甚至几十倍地增长。“大跃进”运动在建设上追求大规模，提出了“大炼钢铁”“大办铁路”“大办万头猪场”等名目繁多的全党全民“大办”“特办”的口号。在这样的目标和口号下，基本建设投资急剧膨胀，三年间，基本建设投资总额高达 1006 亿元，比“一五”计划时期基本建设总投资几乎高出一倍。积累率突然猛增，三年间平均每年积累率高达 39.1%。由于硬要完成那些不切实际的高指标，必然导致瞎指挥盛行、浮夸风泛滥，广大群众生活遇到了严重的困难。

（二）“大跃进”导致全国刮起浮夸风

由于社会主义建设经验不足，对经济发展规律和中国经济基本情况认识不足，更由于不少同志在胜利面前滋长了骄傲自满情绪，急于求成，夸大了主观意志和主观努力的作用，没有经过认真的调查研究和试点，就在总路线提出后轻率地发动了“大跃进”运动和人民公社化运动，使得以高指标、瞎指挥、浮夸风和“共产风”为主要标志的“左”倾错误严重地泛滥开来。

在“大跃进”的浪潮席卷全国的过程中，全国农村一哄而起，农村人民公社化运动蓬勃发展起来。在没有经过试验的情况下，只用一个多月时间，全国就基本实现公社化。1958 年年底，全国 74 万个农业合作社合并为 2.6 万个人民公社。冒进的人民公社化运动，在生产关系方面急于向所谓更高级的形式过渡，主观地认为农业合作社的规模越大，公有化程度越高，就越能促进生产。这些“一大二公”的人民公社，权力过于集中，基层生产单位没有自主权，生产中没有责任制，分配上实行平均主义，这极大地挫伤了农民的生产积极性。浮夸风甚嚣尘上，“人有多大胆，地有多大产”，河南省西平县和平农业社小麦高产 7320 斤，湖北麻城建国农业一社早稻亩产 36956 斤，广西壮族自治区环江县红旗公社中稻亩产 130434 斤 10 两 4 钱，“一个萝卜千斤重，两匹毛驴拉不动”等都是当年曾经放出的离谱农作物高产“卫星”。

在工业生产中，“大跃进”表现为“以钢为纲”的生产冒进和产量浮夸。1958 年 8 月 17 日，中共中央在北戴河召开政治局扩大会议，通过《全党全民为生产 1070 万吨钢而奋斗》的决议，从此掀起轰轰烈烈的全民大炼钢铁运动。在这一思想指导下，各部门、各地方都要把钢、铁生产和建设放在首位，为“钢元帅升帐”让路，很多不具备生产条件的单位也硬冲蛮干，全国建起无数土法小高炉，机关大院、学校操场无不浓烟滚滚、一派热火朝天的生产景象，干部群众甚至把家里做饭的铁锅、菜刀都交公用来炼钢，结果炼出一堆堆铁渣，最后造成人力、物力、财力的极大浪费。到 1958 年 12 月 19 日，所谓宣布提前 12 天完成钢产量翻番任务时，钢产量为 1108 万吨，生铁产量为 1369 万吨。实际上合格的钢只有 800 万吨，所炼 300 多万吨土钢、416 万吨土铁根本不能用 ，估计大炼钢铁在全国约损失 200 亿元。

（三）“左”倾冒进是社会主义道路的一大曲折

从 1958 年年底到 1959 年 7 月中央政治局庐山会议前期，毛泽东和党中央曾经努力领导全党纠正已经觉察到的错误。但是，庐山会议后期，毛泽东错误地发动了对彭德怀同志的批判，进而在全党错误地开展了反右倾斗争。这场斗争在政治上使党内从中央到基层的民主生活遭到严重损害，在经济上打断了纠正“左”倾错误的进程，使错误延续了更长时间。

1959 年到 1961 年，我国经历了三年严重困难时期，粮食大幅度减产，其严重程度是 20 世纪前所未有的；“大跃进”、人民公社化运动等一系列

“左”倾错误危害严重，“大炼钢铁”这样牺牲农业搞工业的做法，不但严重地挫伤了农业生产的积极性，更造成国民经济比例严重失调，粮、油和蔬菜、副食品等的极度缺乏，严重侵害了人民群众的健康和生命。恰在此时，苏联政府撕毁合同、终止合作、撤走专家、中断支援，给举步维艰的中国雪上加霜。种种因素，导致全国人民经历了新中国成立以来最为困难的时期。

“大跃进”和反右倾的错误带给国家和人民的不仅是重大损失，更有沉痛教训。放手发动群众，在战争年代是一个成功的经验。但是，转入经济建设阶段后，再用大搞群众运动的办法，显然是不适用了。因为经济是按照规律发展的，过分地强调发挥职工的积极性，则会适得其反。这一段沉重的历史教训告诉我们，只有一切从实际出发、从中国的国情出发，尊重和掌握经济发展规律，尊重科学技术，依靠先进的管理，才能高速发展经济。

四、社会主义建设事业在曲折中前进的10年

（一）党中央对国民经济的及时调整

为了恢复与发展国民经济，党的八届九中全会正式决定对国民经济实行“调整、巩固、充实、提高”的方针。“八字方针”的基本内容是：调整国民经济各部门的比例关系，主要是农轻重、工业内部、生产与基建、积累与消费等比例关系；巩固已经取得的经济建设成果；充实那些以工业品为原料的轻工业品和手工业品的生产，发展塑料、化纤等新兴工业；提高

产品质量，改善企业管理，提高劳动生产率。在“八字方针”的四个词语中，中心是调整。通过调整，提高整个国民经济的发展速度，适当控制重工业的发展速度，特别是钢铁工业的发展速度。同时适当缩小基本建设规模，使工业和农业之间、重工业和轻工业之间、积累和消费之间的比例趋于协调，使国家建设和人民生活得到统筹兼顾，全面安排。在“八字方针”的具体指导下，到 1962 年，我国的经济逐步得到恢复和发展。

知识链接

“八字方针”的提出

1960 年 6 月，毛泽东在中共中央上海会议期间作了《十年总结》的报告，重新强调实事求是的原则。他指出，在制定国民经济计划时，要留有余地，宁可少些，让实际超过，打得太满，就会被动；并认为 1960 年的指标还要加以调整。这对于打破盲目追求数量、速度，正视现实困难，寻找摆脱困境的途径，是一个具有积极意义的启示。1960 年 7 月，中共中央北戴河会议提出要对国民经济进行调整。李富春在研究 1961 年国民经济计划时，提出要以“调整、巩固、提高”为基本精神。8 月底，周恩来在听取了国家计委党组的汇报之后，提出在“调整、巩固、提高”后面加上“充实”二字。9 月 30 日，在中央转发的国家计委党组《关于一九六一年国民经济计划控制数字的报告》中，第一次正式提出了“八字方针”。

（二）“四个现代化”建设目标的制定

自新中国成立起，“现代化”就成为全体人民为之奋斗的战略目标，在1949年到1964年15年时间里，社会主义建设在不断向前推进，“现代化”目标也在不断发展充实。1954年，第一届全国人民代表大会首次明确提出要实现工业、农业、交通运输业和国防的四个现代化的任务。1957年2月27日，毛泽东在《关于正确处理人民内部矛盾的问题》的讲话中说，将我国建设成为一个具有现代工业、现代农业和现代科学文化的社会主义国家。1957年3月12日，毛泽东在中国共产党全国宣传工作会议上的讲话中说，我们一定会建设一个具有现代工业、现代农业和现代科学文化的社会主义国家。1959年12月到1960年2月，毛泽东在读苏联《政治经济学教科书》时说，建设社会主义，原来要求是工业现代化，农业现代化，科学文化现代化，现在要加上国防现代化。由此，毛泽东首次较完整地提出了“四个现代化”的内容。

1964年12月21日，周恩来在第三届全国人民代表大会第一次会议上宣布，调整国民经济的任务已经基本完成，他代表中共中央提出，在不太长的历史时期内，把我国建设成为一个具有现代农业、现代工业、现代国防和现代科学技术的社会主义强国。这一目标的提出，不但对社会主义建设提出了具体的奋斗目标，更在理论上为中国特色社会主义理论的形成奠定了基础。

（三）社会主义教育运动导致“左”倾错误加剧

1963年至1965年，一场新的政治运动在部分农村和少数城市基层开展，这就是社会主义教育运动。面对“大跃进”造成的严重经济困难和刚刚过去的三年困难时期，党的领导层在对国内外形势的判断上产生了认识上的分歧，最终“重新提起阶级斗争”，引发了社会主义教育运动。农村的社会主义教育运动开始以“清工分，清账目，清仓库和清财物”为主，城市的社会主义教育运动为反对贪污盗窃、反对投机倒把、反对铺张浪费、反对分散主义、反对官僚主义的“五反”运动。后期都发展成为“清思想，清政治，清组织和清经济”四个方面，通称为“四清”。

这场以整顿干部作风，解决干部、群众之间的矛盾，防止在中国发生修正主义和“和平演变”，巩固社会主义制度为目的的社会主义教育运动，虽然对于解决干部作风和经济管理等方面的问题起了一定作用，但由于把这些不同性质的问题都认为是阶级斗争或者阶级斗争在党内的反映，在1964年下半年使不少基层干部受到不应有的打击，在1965年年初又错误地提出了运动的重点是整所谓“党内走资本主义道路的当权派”。在意识形态领域，也对一些文艺作品、学术观点和文艺界、学术界的一些代表人物进行了错误的、过火的政治批判，在对待知识分子问题、教育科学文化问题上发生了愈来愈严重的“左”的偏差，并且在后来发展成为“文化大革命”的导火线。

（四）探索中的曲折前进收获巨大成就

从1956年社会主义改造完成、社会主义建设全面开始，虽然受到“大跃进”等“左”倾冒进失误的影响，但是党对国民经济进行了不断调整，领导全国人民为克服困难进行了艰苦卓绝的努力。从1956年至1966年，发展的步履尽管沉重，但也取得了很大的成就。

这十年，从社会总产值和国民收入来看，按当年价格，1965年我国社会总产值达到2695亿元，国民收入达到1387亿元；按可比价格计算，分别比1956年增长60.3%和34.8%。

这十年，全国全民所有制企业固定资产按原值计算，增长了 1.76 倍。虽然“大跃进”运动给工农业生产和其他事业造成极大的破坏和浪费，但是从工业建设的布局来看，某些方面的建设为后来的发展打下了基础，机械工业有些产品的性能和质量已经接近或达到当时世界先进水平。

这十年，国防尖端科学技术取得了突破性进展。经过广大科技人员、解放军指战员以及有关部门的职工、干部的艰苦努力，1964 年 10 月 16 日，我国成功地爆炸了第一颗原子弹。我国自力更生取得的这一辉煌成就，代表了我国科学技术当时达到的新水平，有力地打破了超级大国的核垄断和核讹诈，提高了我国的国际地位。

这十年，一些重要的基础设施、基础项目和大中型企业得以建立，为后来的社会主义现代化建设新时期奠定了重要的物质技术基础，有些至今仍在国民经济和社会生活中发挥着作用。

这十年，一大批专门人才先后在祖国的各条战线、各个领域经受了实践的锻炼，他们最终成长为改革开放以来各级党委和政府部门以及经济、教育、科技、文艺、体育、医疗卫生等各方面的骨干力量。

这十年，党和人民始终保持着积极的精神面貌。在建设进程比较顺利的时候，广大党员和人民意气风发，斗志昂扬。在国内发生严重经济困难、国际上受到战争威胁和巨大压力的情况下，党和人民不怕挫折，顶住压力，独立自主，艰苦奋斗，依然表现出高昂的精神状态。在严重困难的岁月里，领袖和人民、干部和群众，休戚与共，同甘共苦。

五、坚持独立自主，反对霸权主义

20 世纪 50 年代中期至 60 年代中期，在美苏两个超级大国主导的世界冷战格局中，国际局势的发展充满动荡和曲折，世界上各种力量出现分化和改组，中国面临来自多方的公开的和潜在的侵略威胁、战争挑衅和军事压力。党和国家在十分复杂的国际环境中开展外交工作。在美苏两个超级大国争霸的过程中，中国成为一支独立的政治力量立足于国际社会。在同美国对抗、同苏联论战的过程中，发展同亚非拉国家的关系成为中国外交工作的重点。

（一）在保障领土完整中发展同亚非拉国家的关系

第二次世界大战严重削弱了帝国主义的力量，亚非拉国家反对帝国主义和殖民主义、争取和维护民族独立的运动，自 20 世纪 50 年代中期以后处于高涨之中。详细分析国际形势后，毛泽东认为，亚非拉广大经济落后的国家和以欧洲为代表的帝国主义国家和发达的资本主义国家属于“中间地带”，它们都反对美国的控制，在东欧各国则发生反对苏联控制的问题。而争取“中间地带”，成为当时中国反对帝国主义的重要对外政策。

1960 年 1 月至 1963 年 3 月，中国先后同缅甸、尼泊尔、蒙古人民共和国、巴基斯坦、阿富汗五国签订协定或条约，妥善解决了历史遗留的边界问题。中日之间通过民间渠道，在没有外交关系的情况下，发展了两国人民的交往和友谊。同大批亚非拉国家建立了外交关系的同时，中国在国际上也得到了它们的重要支持。因此，积极支持亚非拉争取和维护民族独立运动，成为新中国外交工作的重要任务。埃及人民维护苏伊士运河主权、反对英法侵略的斗争，阿尔及利亚人民反对法国殖民统治的斗争，撒哈拉以南的非洲人民反对殖民主义和种族主义的斗争，古巴、巴拿马等国人民反对美国武装干涉的斗争，中国都给予热情的声援。

（二）在捍卫国家主权中保持中美关系

在中国的社会主义建设曲折发展的10年中，中美关系始终围绕台湾问题和越南战争产生尖锐矛盾。

蒋介石败逃台湾后，美国武装干涉中国内政，对于中国和平解决台湾问题的方针和打破两国僵局的外交努力置若罔闻，甚至签订“共同防御条约”、加强对台军事援助、加紧制造“两个中国”，并纵容蒋介石集团对大陆沿海的骚扰和破坏，使得台海局势再度紧张起来。此后，美国变本加厉，宣称继续实行“对华政策三原则”。党中央对此采取果断行动，予以坚决回击，打击了美国的嚣张气焰，粉碎了美国分裂中国的图谋。

1965年，美国急剧扩大侵略越南的战争，严重威胁中国安全，中美两国再次走到热战边缘。中共中央严正表明援越抗美的立场，并下达加强备战工作的指示，要求全国军民“对小打、中打以至大打，都有所准备”。应越南民主共和国政府的要求，中方向越南派出防空、工程、铁道、后勤保障等支援部队。1965年6月至1968年3月，先后入越的部队达32万余人，他们同越南军民一道，用鲜血和生命保卫了越南北方的领空和交通运输线。援越抗美斗争，体现了中国人民反对侵略威胁、维护世界和平的大无畏精神。

（三）在论战中反对苏联霸权主义

苏共二十大后，赫鲁晓夫对内全面否定斯大林，在国际上鼓吹美苏合作、和平过渡。苏共以大国大党自居，要求中国和其他社会主义国家随着它的指挥棒转，受它的控制，在军事和外交上服从其战略需要，甚至提出有损中国国家主权的要求。在中国人民解放军为捍卫主权炮击金门而未向苏联通报时，苏联借机停止了对中国核项目的援助，并且在此后中印冲突中未经同中国沟通即公开持中立立场，中苏矛盾日益彰显。

1960 年 4 月 22 日，列宁诞辰 90 周年，中共发表了《列宁主义万岁》等三篇文章，公开点名批评了南斯拉夫修正主义，实际矛头则指向赫鲁晓夫，中苏论战由此拉开序幕。同年 7 月，苏联政府突然照会中国，单方面决定立即召回在华工作的全部苏联专家，废除两国经济技术合作的各项协议。这种背信弃义的行为给当时处于经济困难中的中国造成极大的损失，这也严重地损害了中苏两党和两国关系。以后，中苏之间就国际形势、共产主义运动的路线和策略，以及在国际和各自国内政策上形成尖锐的对立意见，进而展开了旷日持久的论战，两党、两国关系逐渐恶化终至关系中断。

延伸阅读

1. 毛泽东：《不能把台湾问题上的国际问题同国内问题混淆起来》，《毛泽东文集》第 8 卷，人民出版社 1999 年版。

2. 毛泽东：《争取比较长的和平时间是可能的》，《毛泽东文集》第 8 卷，人民出版社 1999 年版。

3. 毛泽东：《读苏联〈政治经济学教科书〉的谈话（节选）》，《毛泽东文集》第 8 卷，人民出版社 1999 年版。

深度思考

1. 党的八大的主要历史功绩是什么？

2. 新中国成立后，在政治、经济、军事等领域连续进行的抗美援朝、土地改革、镇压反革命、“三反”“五反”等运动的伟大意义是什么？

3. “大跃进”运动和反右派斗争扩大化是“左”倾政治路线引起的严重错误。从哲学角度看，如何全面评价“大跃进”运动？对于今天我们全面建成小康社会决胜期有哪些启示意义？

第五章

历史转折：走中国特色社会主义道路

1966年至1976年的“文化大革命”，是一场由领导者错误发动，被反革命集团利用，给党、国家和人民造成严重灾难的内乱。这场全局性、长时间的“左”倾严重错误，使党和国家的工作、社会秩序受到巨大破坏，给我国社会主义事业造成新中国成立以来最严重的挫折，教训极其深刻。随着“文化大革命”的发展，在党的领导层内，在党内外广大干部群众中，对“左”倾错误和极左思潮的抵制和抗争不断发展起来。这期间，我国社会主义建设事业虽然遭受巨大损失，但仍取得进展，外交工作也打开了新局面。1976年10月，中央政治局采取果断措施粉碎“四人帮”，党依靠自己的力量结束了“文化大革命”。经过“文化大革命”的严峻考验，党、人民政权、人民军队和整个社会的性质都没有改变。历史证明党和社会主义制度具有强大的生命力。

党的十一届三中全会以后，以邓小平同志为主要代表的中国共产党人，团结带领全党全国各族人民，深刻总结我国社会主义建设正反两方面经验，借鉴世界社会主义历史经验，创立了邓小平理论，作出把党和国家工作中心转移到经济建设上来、实行改革开放的历史性决策，深刻揭示社会主义本质，确立社会主义初级阶段基本路线，明确提出走自己的路、建设中国特色社会主义，科学回答了建设中国特色社会主义的一系列基本问题，制定了到21世纪中叶分三步走、基本实现社会主义现代化的发展战略，成功开创了中国特色社会主义。

一、思想解放成为伟大历史转折的先导

粉碎“四人帮”后，广大干部群众强烈要求纠正“文化大革命”的错误理论和实践，彻底扭转十年内乱造成的严重局面，使中国社会主义建设事业重新奋起。与此同时，世界经济快速发展，科技进步日新月异。国内外发展大势都要求中国共产党尽快就关系党和国家前途命运的大政方针作出政治决断和战略抉择。顺应时代潮流和人民愿望，1978 年 12 月召开的党的十一届三中全会，实现了新中国成立以来党的历史上具有深远意义的伟大转折，开启了改革开放和社会主义现代化建设新时期。

（一）“两个凡是”将党的思想路线禁锢在“左”倾错误中

1976 年 10 月，中共中央政治局执行党和人民的意志，果断采取措施一举粉碎了“四人帮”，“文化大革命”的十年内乱至此结束。从这时开始到党的十一届三中全会的两年中，广大干部和群众以极大的热情投入各项革命和建设工作中。

“四人帮”反革命集团被粉碎之后，1977 年 2 月 7 日，经过中央政治局同意，两报一刊社论《学好文件抓住纲》提出：“凡是毛主席作出的决策，我们都坚决维护，凡是毛主席的指示，我们都始终不渝地遵循。”在党内外同志越来越强烈地要求纠正“文化大革命”的错误的时候，“两个凡是”的方针在理论上违背了马克思主义基本原理，在实践上为新形势下坚持真理、修正错误设置了障碍，最终引发了全党范围内关于真理标准问题的大讨论。

“两个凡是”一提出，尚未恢复职务的邓小平就提出了旗帜鲜明的反对意见。1977 年 4 月 10 日，他致信党中央，郑重提出：“我们必须世世代代地用准确的完整的毛泽东思想来指导我们全党、全军和全国人民。”[①]这封信经中央转发，对于在全党范围内削减“两个凡是”的影响，起到了一定的作用。随后，邓小平进一步提出，实事求是“是个重要的理论问题，是个是否坚持历史唯物主义的问题”[②]。

1977 年 8 月召开的党的第十一次全国代表大会，在揭露批评“四人帮”和动员全党建设社会主义现代化强国方面起了积极作用。但是，由于当时历史条件的限制和“两个凡是”的影响，这次大会没有能够纠正“文化大革命”的错误理论、政策和口号，反而加以肯定，经济工作中的求成过急和其他一些“左”倾政策也没有得到纠正。

（二）实践是检验真理的唯一标准

在全国局势逐步稳定的基础上，1977 年 7 月，邓小平恢复工作并分管教育科学工作，随后在党的十一大上，他重新当选中共中央副主席。这位坚定的马克思主义者重新回到党的中央领导集体，对中国后来的发展产生了深远影响。1977 年年底，由于“文化大革命”的冲击而中断了 10 年的高考制度得到恢复，全国高等学校重新通过统一考试招收新生。邓小平还在 1978 年 3 月召开的全国科学大会上强调“科学技术是生产力”这一马克思主义的观点，并且指出，为社会主义服务的脑力劳动者是劳动人民中的一部分。由此，党扭转了多年来对知识分子的“左”的政策，知识和知识分子重新受到重视。

真理标准问题大讨论源自 1978 年 5 月 11 日《光明日报》发表胡福明撰写的而署名是“本报特约评论员”的理论文章《实践是检验真理的唯一

① 邓小平：《“两个凡是”不符合马克思主义》，《邓小平文选》第 2 卷，人民出版社 1994 年版，第 39 页。

② 邓小平：《“两个凡是”不符合马克思主义》，《邓小平文选》第 2 卷，人民出版社 1994 年版，第 38 页。

标准》。这篇文章阐述的问题是马克思主义的常识，但由于它同“两个凡是”尖锐对立，并且触及盛行多年的思想僵化和个人崇拜现象，因此也受到一些领导同志的强烈指责。在关键时刻，邓小平对这场讨论给予及时而有力的支持。在邓小平等人的大力支持下，中央各部门、地方和军队的负责人相继发表讲话或文章，表明支持的态度；理论界、学术界、新闻界更是踊跃参与，站到讨论的前沿。实践表明，真理标准问题大讨论是党的十一届三中全会实现伟大历史转折的思想先导，为党重新确立马克思主义的思想路线、政治路线和组织路线奠定了思想基础。

当“两个凡是”的思想禁锢刚刚受到冲击的时候，对我国发展的紧迫性和经济、政治体制存在的弊端有着深刻认识的邓小平，先是在中央领导层大声疾呼：社会主义就是要加快发展生产力，要学习、引进国外先进技术和管理经验，大胆改革经济管理体制；随后，又到部分省市，同地方领导人谈思考已久的想法，促成解放思想的浩大声势。他还提出，揭批“四人帮”的群众运动要适时结束，转入正常工作，从而提出了把党和国家工作重点转移到现代化建设上来的重要主张。邓小平的这些重要主张得到中央政治局常委的赞同，为随后召开的中央工作会议和党的十一届三中全会作出把党和国家工作中心转移到经济建设上来、实行改革开放的历史性决策准备了充分条件，奠定了坚实基础。

（三）党的十一届三中全会为改革开放吹响启程的号角

1978 年 12 月 13 日，邓小平在中共中央工作会议闭幕会上作了题为《解放思想，实事求是，团结一致向前看》的重要讲话。他强调：“再不实行改革，我们的现代化事业和社会主义事业就会被葬送。”这个讲话实际上成为随后召开的党的十一届三中全会的主题报告。

1978 年 12 月 18 日，党的十一届三中全会在北京召开，这是新中国成立以来我党历史上具有深远意义的伟大转折。全会结束了 1976 年 10 月以来党的工作在徘徊中前进的局面，开始全面地认真地纠正“文化大革命”中及其以前的“左”倾错误。这次全会坚决批判了“两个凡是”的错误方针，充分肯定了必须完整地、准确地掌握毛泽东思想的科学体系；高度评价了关于真理标准问题的讨论，确定了解放思想、开动脑筋、实事求是、团结一致向前看的指导方针；果断地停止使用“以阶级斗争为纲”这个不适用于社会主义社会的口号，作出了把工作重点转移到社会主义现代化建设上来的战略决策；提出了要注意解决好国民经济重大比例严重失调的要求，制定了关于加快农业发展的决定；着重提出了健全社会主义民主和加强社会主义法制的任务；审查和解决了党的历史上一批重大冤假错案和一些重要领导人的功过是非问题。全会还增选了中央领导机构的成员。这些在领导工作中具有重大意义的转变，标志着党重新确立了马克思主义的思想路线、政治路线和组织路线。从此，党掌握了拨乱反正的主动权，有步骤地解决了新中国成立以来的许多历史遗留问题和实际生活中出现的新问题，进行了繁重的建设和改革工作，使我们的国家在经济上和政治上都出现了很好的形势。从这时起，中国共产党人和中国人民踏上了建设中国特色社会主义新的伟大征程，以一往无前的进取精神和波澜壮阔的创新实践，开创和发展中国特色社会主义。党的十一届三中全会作为一个伟大转折点载入党的光辉史册。

二、拨乱反正为继续前进铺平道路

粉碎“四人帮”后这两年中，党的工作在徘徊中前进，而党的十一届三中全会的召开实现了新中国成立以来党的历史的伟大转折。这个全局性的、根本性的伟大转折，促进了被严重破坏的各方面社会关系的恢复和调整，有力促进了安定团结政治局面的形成。

（一）指导思想和政治路线的拨乱反正

思想路线的拨乱反正是各方面拨乱反正的前提和先导。在拨乱反正过程中，广大干部群众从过去一个时期内盛行的个人崇拜和教条主义的精神枷锁中解脱出来，党内外思想活跃，出现了研究新情况、解决新问题的生动景象。

为把全党全国各族人民的思想统一到党的十一届三中全会路线方针政策上来，必须正确认识新中国成立以来党所走过的道路，科学总结党在这个时期的历史经验。拨乱反正既要拨林彪、“四人帮”破坏之乱，也要认识和纠正毛泽东晚年的错误，唯有如此，才能彻底冲破“左”的思想束缚，排除右的错误干扰，把党和国家事业推向前进。但这样做，势必涉及如何评价毛泽东这一问题。如果党不能正确地处理这个问题，党内和人民群众中就会发生严重思想混乱，党就会迷失前进方向。

知识链接

《关于建国以来党的若干历史问题的决议》

《关于建国以来党的若干历史问题的决议》（以下简称《决议》）是中国共产党历史上具有深远意义和重大影响的重要文件。其起草工作从1979年11月开始，在中央政治局、书记处领导下，由邓小平、胡耀邦主持进行的，在1981年6月27日中国共产党第十一届六中全会上通过。整个《决议》三万余字，分为八个部分。《决议》对建国32年来党的重大历史事件，特别是“文化大革命”作出了正确的总结，科学地分析了在这些事件中党的指导思想的正确和错误，分析了产生错误的主观因素和社会原因；实事求是地评价了毛泽东在中国革命中的历史地位，指出他对中国革命的功绩远远大于他的过失，他的功绩是第一位的，错误是第二位的；并且科学地概括了毛泽东思想的基本内容，充分论述了毛泽东思想作为我们党的指导思想的伟大意义。《决议》肯定了党的十一届三中全会以来逐步确立的适合中国国情的建设社会主义现代化强国的正确道路，进一步指明中国社会主义事业和党的工作继续前进的方向。

党的十一届三中全会冲破了党的指导思想上存在的教条主义和个人崇拜的严重束缚，坚决批判和否定了“两个凡是”的错误方针，高度评价了关于真理标准问题的讨论，指出实践是检验真理的唯一标准，是党的思想路线的根本原则，从而重新确立了马克思主义的实事求是的思想路线。会议在充分肯定毛泽东在我国长期革命斗争中的巨大作用的同时，着重强调要从科学体系上掌握和运用毛泽东思想，不能一切照搬照抄，不能搞“两个凡是”。否则，党和国家就会失去生机，就要亡党亡国。

为了顺利地把工作重点转移到社会主义现代化建设上来，党对经济建设和阶级斗争问题上“左”的错误思想进行了认真清理。在果断停止使用“以阶级斗争为纲”的口号之后，党中央重新对社会主义社会的主要矛盾作了正确阐述。这是对党的八大正确路线的恢复和发展，是在新的历史条件下对建设中国特色社会主义道路的探索。

（二）平反冤假错案，调整社会关系

平反“文化大革命”造成的大量冤假错案，有步骤地妥善处理新中国成立以来的历史遗留问题，调整好各方面社会关系，是实现安定团结、实行改革开放和进行社会主义现代化建设的重要前提和条件。

党的十一届三中全会以后，从中央到地方都按照实事求是、有错必纠的原则加快平反冤假错案的步伐，先后为“文化大革命”中的各种冤假错案平反。同时，也对“文化大革命”以前的重大案件进行清理和纠正。1979 年 2 月，中央组织部、中央统战部联合召开全国右派复查改正工作经验交流会，提出“1957 年反右派斗争犯了扩大化错误”的问题。随后，按照中央的统一部署和要求，各地区各部门对反右派斗争严重扩大化中划定的右派分子进行甄别改正。到 1980 年 6 月，共改正被错划为右派的达 54 万多人，为他们恢复了政治名誉，对他们的生活和工作重新做了安排。在平反冤假错案工作中，影响最大的是 1980 年 2 月党的十一届五中全会为刘少奇平反昭雪。刘少奇冤案的平反，使受到这一冤假错案牵连的近三万人得以昭雪。这一“文化大革命”中最大冤案的平反，推动了平反冤假错案的进程。

经过大量艰苦细致的工作，到 1982 年年底，全国大规模的平反冤假错案工作基本结束。在此期间，全国共纠正了 300 多万名干部的冤假错案，47 万多名共产党员恢复了党籍，他们心情舒畅地重新走上工作岗位或担任新的职务。无辜受株连的干部群众由此得到解脱，他们放下包袱，精神振奋地投身于改革开放和社会主义现代化建设事业之中。在进行这项工作的过程中，党的实事求是的优良传统得到恢复和发扬。

（三）整顿作风，加强和改善党的领导

党风问题事关执政党的兴衰成败，因而整顿党的作风、净化党内风气也成为拨乱反正过程中极其重要的任务。党的十一届三中全会作出了一系列加强党的建设的部署，决定健全党规党纪，整顿党的作风。这次全会上恢复重建的中央纪委担负起这项重要任务。

刚刚恢复的中央纪委立即开始着手维护党规党纪、恢复优秀党风的工作，迅速拟定了《关于党内政治生活的若干准则（草案）》。1980 年 2 月，这一草案经过了党的十一届五中全会通过后就开始向全党公布，要求党的领导干部自觉接受党和人民监督，不准搞特权，坚决同违法乱纪行为和歪风邪气作斗争。以此为准绳，至党的十二大，党中央及各级党委为解决党的建设方面的突出问题做了大量工作；党的各级纪检机关对一批党员违纪案件进行了严肃查处。

党的组织路线也实现了拨乱反正。从中央贯彻到各级的拨乱反正经历了一个比较漫长的过程，一大批老一辈革命家重新回到党中央的领导岗位，以邓小平同志为核心的中央领导集体经过党的十一届三中全会在实际上建立起来，这是最重要的成果。正是从这个意义上，可以说党的十一届三中全会实现了组织路线的拨乱反正，使重新确立的正确的思想路线和政治路线有了组织上的保证。

（四）社会主义各项事业气象一新

伴随着拨乱反正的历史进程，在正确思想的引导下，在党的有力措施支持下，社会主义现代化建设各项事业开始逐步摆脱困境，特别是在科教文卫方面呈现蓬勃发展的生机和活力。

在文艺方面，1979 年 10 月，文艺工作者代表齐聚北京，参加中国文学

艺术工作者第四次代表大会，全面总结了中华人民共和国成立后 30 年文艺战线上正反两方面经验教训，明确了新的历史时期文艺工作的任务。广大文艺工作者通过此次誓师大会，破除迷信、解放思想，一致决心为建设祖国的物质文明和精神文明贡献力量。

在科技方面，1981 年 9 月 20 日，我国首次用一枚运载火箭发射三颗卫星进行空间物理探测获得成功。1982 年 10 月，我国用潜艇在水下向预定海域发射运载火箭获得成功。这两项试验标志着我国运载火箭和空间技术达到新的水平。中国科学院上海生物化学研究所等单位经过 13 年的努力，成功实现了酵母丙氨酸转移核糖核酸的人工合成，使我国在人工合成生物大分子研究方面进入世界先进行列。

在军事方面，人民解放军在保卫边疆和参加社会主义建设方面不断取得新的成就。1979 年二三月间，我国边防部队实施对越自卫反击作战。此后又实施收复法卡山、扣林山作战和收复老山作战，稳定了边境地区局势。

经过艰苦努力，党和国家事业从“文化大革命”之后两年的徘徊前进状态中走了出来，迈上健康发展轨道。许多领域取得重大建设成就，社会生活呈现新的面貌，人民群众因此而产生了对改革开放的共识，增强了社会主义现代化建设的信心和决心。

三、改革开放改变了当代中国的命运

党的十一届三中全会后，党领导人民进行了对国民经济比例关系的调整，有力推动了改革开放和社会主义现代化建设的进程。

（一）国民经济的调整和改革开放的开始

粉碎了“四人帮”后，国民经济停滞、倒退的局面迅速扭转，工农业生产得到了比较快的恢复。但是，在 1977 年和 1978 年两年，由于对“四人帮”干扰破坏的严重性估计不足，以及在经济工作指导思想上“左”的错误还没有得到全面清理，因此经济建设中仍然存在急于求成的倾向，追求不切实际的高指标和盲目扩大建设规模，使长期造成的经济比例失调的状况更加严重。同时，经济管理体制存在着许多缺陷，妨碍各方面积极性的发挥。企业管理落后，生产秩序不正常，生产、建设、流通、分配等领域都存在着不少混乱现象，严重影响经济效益的提高。针对这些情况，中共中央于 1979 年 4 月正式确定对国民经济实行“调整、改革、整顿、提高”的方针，通称为“新八字方针”。

这一方针的提出，是纠正经济建设中“左”的错误的结果，标志着中国经济工作指导思想开始发生根本性的转折。针对当时在国民经济中的重大比例严重失调的实际，这一方针的执行先以调整为中心，改革主要是在农村进行，在城市则在服从和服务于调整的前提下进行一些必要的和可能的改革。从 1981 年起，积累和消费、农业和工业、轻重工业之间的比例关系逐渐趋于合理，长期存在的积累率过高和农业、轻工业严重落后的情况有了很大改变。国家财政金融状况也随之得到改善，物价趋于稳定。经济调整的经验就是：要切实改变长期以来在“左”的思想指导下的一套老的做法，真正从我国实际情况出发，走出一条速度比较适中、经济效益比较好、人民可以得到更多实惠的新路子。

（二）家庭联产承包责任制开农村改革先河

中国的对内改革首先在农村取得突破性进展。1978 年，安徽省遭受大旱灾，秋种遇到严重困难。在严峻的形势下，安徽省委决定把部分土地借给农民种麦种菜，对所产粮菜不征购，不计口粮。这一应急性措施，立即将群众的积极性调动起来。在借地唤起农民生产积极性的启发下，有些地方的基层干部和农民冲破旧体制的限制，自发地采取了包干到组和包产到户的做法。凤阳县梨园公社小岗村18位农民创造出“包干到户”模式，其做法是生产队与每户农民约定，先把该缴给国家的、该留给集体的都固定下来，收获以后剩多剩少都是农民自己的。这种形式极大地激发了农民的生产积极性，当年就实现了粮食大丰收，引来其他公社争相效仿。这些大胆的尝试，揭开了我国农村改革的序幕。

知识链接

“包干到户”

“包干到户”是中国农村家庭联产承包责任制的形式之一。在“包干到户”后，农民享有对土地的经营管理权，但所有权仍归国家所有，根据双方签订的有关权利、责任和利益的承包合同，由农户自行安排各项生产活动，产品除向国家交纳农业税、向集体交纳积累和其他提留外，完全归承包者所有。农户承包集体的基本生产资料（主要是土地）自主经营，包交国家和集体应得的各项费款，其余产品或收入归承包户所有。但是，这项制度最终因为“文革”而没有完全推广。“文革”结束后，在安徽省凤阳县小岗村重新实行，收效很大，进而随着改革开放的春风，开始在全国各地实行。

1982年元旦，《全国农村工作会议纪要》明确指出，目前实行的各种责任制，包括小段包工定额计酬，专业承包联产计酬，联产到劳，包产到户、到组，包干到户、到组等，都是社会主义集体经济的生产责任制。在中央的支持和推动下，实行包产到户和包干到户的生产队迅速由 1980 年占全国生产队的 50%，上升到 1982 年 6 月的 86.7%。以包产到户、包干到户为主要形式的农村家庭联产承包责任制实行以后，把集体所有的土地长期包给农户使用，农业生产基本上变为分户经营、自负盈亏。大家形象地把这种方式称为“保证国家的，留足集体的，剩下都是自己的”。这种责任制使农民获得生产和分配的自主权，把农民的责、权、利紧密结合起来，不仅克服了以往分配中的平均主义“吃大锅饭”等弊病，而且纠正了管理过分集中、经营方式过分单一等缺点。农村改革特别是家庭联产承包责任制的实行，对充分调动亿万农民的积极性、加快农业发展和实现四个现代化、产生了深远影响。

（三）城市经济体制改革稳扎稳打

在城市中，经济体制改革的步伐与农村相比显得更加稳妥。1979 年 7 月，连续出台《关于扩大国营工业企业经营管理自主权的若干规定》《关于国营企业实行利润留成的规定》等五个文件，开始了对企业自主权逐渐放开的试点。扩大企业自主权改革在传统的计划经济体制上打开一个缺口，使企业有了部分的自主计划权、产品销售权和资金使用权，以及部分的干部任免权等。同时，我国把农村家庭联产承包责任制的成功经验用到城市经济体制改革，实行企业经营责任制。

1982 年 3 月，国家经济体制改革委员会在国务院机构改革的进程中应运而生。作为研究、协调和指导经济体制改革的综合性专门机构，其主要任务是拟定全国经济体制改革的总体设计，统一研究、筹划和指导全国经济体制改革的工作。在此后的 20 年里，国家经济体制改革委员会不断统筹规划，推进着经济体制改革。

（四）经济特区将国门向世界打开

在进行积极的内部改革的同时，中国顺应局势、敞开怀抱，开始积极主动地发展对外经济交往。实行对外开放，是党根据工作重点转移需要而制定的重大战略，进而被确立为一项基本国策。1979 年，中国国际信托投资公司成立，开展国际信托、投资、租赁等业务。1980 年，中国恢复在世界银行、国际货币基金组织的代表权，并加入国际农业发展基金会，开始从这些国际金融机构得到贷款。这些吸引和利用外资、兴办中外合资经营企业和中外合作经营企业（或项目）是具有开拓性的方式和步骤。

知识链接

经济特区

1979 年 4 月，邓小平首次提出要开办“出口特区”，后于 1980 年 3 月，“出口特区”改称为“经济特区”，并在深圳加以实施。按其实质，经济特区也是世界自由港区的主要形式之一。以减免关税等优惠措施为手段，通过创造良好的投资环境，鼓励外商投资，引进先进技术和科学管理方法，以达到促进特区所在国经济技术发展的目的。经济特区实行特殊的经济政策、灵活的经济措施和特殊的经济管理体制，并坚持以外向型经济为发展目标。

创办经济特区是我国实行对外开放的一个伟大的创举。1980 年 8 月，在党中央的支持下，广东、福建两省在深圳、珠海、汕头、厦门四地设立经济特区。在这些特殊的经济区域内，一大批通过引进侨资、外资为主建立起来的中外合资、合作经营企业和外商独资经营企业成为经济活动的主体，一系列不同于国内其他地区的特殊政策和管理体制得以实施，经济活动遵循在国家宏观指导下实行以国际市场调节为主、而非以计划调节为主的原则，在这里生产的工业产品则远销世界各地。特区实行不同于内地的管理体制，有更大的自主权，因而也迸发出更大的创新活力。

（五）政治体制改革谋定而后动

经济领域剧烈而深入的体制改革，深刻影响着生产关系和上层建筑的各个方面，也改变着人们的活动方式、思维方式。与经济体制改革相适应，党中央认真总结和吸取以往党和国家政治生活中的经验教训，开始提出政治体制改革问题，努力探索具有中国特色的政治体制和具体制度。

政治体制改革不能照抄西方国家的模式，而要发挥我们自己的优势。从 1982 年开始，一场历时 3 年之久的机构改革从国务院开始，在各级党政机关中自上而下地展开。

此前，1981 年，国务院的工作部门有 100 个，达到新中国成立以来的最高峰。臃肿的管理机构已不能适应改革开放和经济社会发展的需要，亟待改革。因此这次改革不仅以精兵简政为原则，明确规定了各级各部的职数、年龄和文化结构，减少了副职，提高了素质；而且注意到了经济体制改革的进一步发展可能对政府机构设置提出的新要求，力求使机构调整为经济体制改革的深化提供有利条件，较大幅度地撤并了经济管理部门，并将其中一些条件成熟的单位改革成了经济组织，国务院各部门从 100 个减为 61 个，人员编制从原来的 5.1 万人减为 3 万人。

对于党的领导班子，这次改革也作出了明确规定。上至国务院各级各部，下到省、自治区、直辖市直至县级政府，全部精简机构、压缩冗员，废除领导职务终身制，初步实现了领导干部队伍年轻化、高素质化。

四、进入建设有中国特色的社会主义新时期

经过全党全军全国各族人民的艰苦努力，中国共产党已经在指导思想上完成了拨乱反正的艰巨任务，并且在各条战线的实际工作中取得了拨乱反正的重大胜利，实现了历史性的转折。在总结过去几年历史性胜利的重要经验、进一步肃清十年内乱遗留的消极后果的基础上，同时也是为了坚持把对内改革和对外开放推进到新阶段，党的十二大明确提出建设有中国特色的社会主义的重大命题和“小康”战略目标。改革开放由此全面展开，在农业领域，继续扩大家庭联产承包责任制的改革范围；在对外开放方面，通过办经济特区与开放沿海城市等举措逐步建立有层次的对外开放体系，放松对外经济交流上的限制；在科学、教育、文化、卫生领域展开改革，社会发展开始纳入国家发展战略。改革开放迈入新的发展阶段的同时，也遭遇了国际国内形势的双重考验。

（一）“建设有中国特色的社会主义”重大命题的提出

1982 年 9 月，邓小平在党的十二大开幕词中明确提出了“建设有中国特色的社会主义”的重大命题，回答了进入改革开放新时期后中国走什么样的道路这一人们最为关心的重大问题，为指引新时期改革开放和社会主义现代化建设树立起一面伟大旗帜。

大会提出，党在新时期的总任务是：团结全国各族人民，自力更生，艰苦奋斗，逐步实现工业、农业、国防和科学技术现代化，把我国建设成为高度文明、高度民主的社会主义国家。围绕这个总任务，大会对开创社会主义现代化建设新局面作出全面部署。大会把继续推进经济建设作为全面开创新局面的首要任务，确定从 1981 年到 20 世纪末的 20 年，我国经济

建设总的奋斗目标，是在不断提高经济效益的前提下，力争使全国工农业年总产值翻两番，即由 1980 年的 7100 亿元增加到 2000 年的 2.8 万亿元左右，使人民生活达到小康水平。这次大会在提出经济建设目标的同时，还提出了要努力建设高度的社会主义精神文明和高度的社会主义民主的战略方针。

“建设有中国特色的社会主义”的重大命题、“翻两番”目标这一系列正确道路、战略步骤和方针政策的确定，将引领中国的社会主义建设事业进入一个新的发展阶段。邓小平对于党的十二大的历史贡献也给予了高度评价：“十二大以后，我国政治形势更加稳定，可以更好地一心一意搞建设了。”[①]“从十一届三中全会到十二大，我们打开了一条一心一意搞建设的新路。”[②]

（二）“松绑”为城市经济体制改革注入更多活力

党的十一届三中全会后短短数年，农村巨变，各业兴旺，气象一新。农村的变化有力地证明：只有坚决改革不适应生产力发展的经济体制，才能把经济搞活，把生产搞上去，才能使人民富裕，国家繁荣。但仅仅搞好农村改革远远不够，城市经济体制的改革不跟上来，不仅会阻碍农村继续前进，而且会影响整个国民经济的发展。党的十二大以后，城市经济体制中政企职责不分、条块分割严重、企业效益低下、分配中的平均主义、对外政策相对保守封闭等种种弊端还没有从根本上消除，严重妨碍生产力发展。对外开放使人们眼界大开，正在世界范围内兴起的新技术革命给我国经济发展带来了机遇和挑战。这时，坚决地、系统地进行以城市为重点的整个经济体制的改革，成为中国形势发展和加快经济建设的迫切需要。

① 邓小平：《一心一意搞建设》，《邓小平文选》第 3 卷，人民出版社 1993 年版，第 9 页。
② 邓小平：《一心一意搞建设》，《邓小平文选》第 3 卷，人民出版社 1993 年版，第 11 页。

在党中央慎重酝酿城市经济体制改革如何深入推进之际，全国各地的国有企业已经自发地对体制改革产生了强烈要求。1984 年 3 月，55 位来自福建省的厂长、经理联名向省委、省政府发出呼吁书，希望为企业家“松绑”，他们大声疾呼：现行体制条条框框捆住了我们的手脚，企业处于只有压力，没有动力，也没有活力的境遇……放权不能只限于上层地区部门之间的权力转移，更重要的是把权力落实到基层企业。《人民日报》《经济日报》《工人日报》《福建日报》等全国性主要报纸都在显著位置上加以转载和报道，一时间成为舆论热点，在全国产生了巨大的示范效应。与此同时，河北省石家庄造纸厂的业务科长马胜利也向市里提出承包造纸厂，经过一场答辩会，市委同意了他的承包要求。马胜利不负众望，在他推行“层层承包，责任到人”管理方法之后的第二个月，造纸厂就实现利润 21 万多元，比原定的全年指标 17 万元还多。第一年承包期满，马胜利完成利润 140 万元，比他的承包指标 70 万元翻了一番，一炮而红成了全国闻名的“马承包”。

1984 年 10 月，党的十二届三中全会通过《中共中央关于经济体制改革的决定》。该决定提出我国社会主义经济是“公有制基础上的有计划的商品经济”。此后，以城市为重点的经济体制改革全面展开。有的企业开始进行股份制改革尝试。在国营业企业改革的同时，个体经济、私营经济和外商投资企业也发展起来。随着各方面改革的陆续展开和推进，僵化的高度集中的计划经济体制开始被冲破。到 1987 年年底，全国预算内全民所有制企业有 78% 实行了承包制。

知识链接

《关于经济体制改革的决定》

自 1980 年我国农村普遍实行家庭联产承包责任制后，农村的经济形势发生了深刻的变化，这为以城市为重点的整个经济体制改革提供了有利的条件，尤其是对外开放政策的实施，拓宽了人们的眼界，使经济体制的改革显得更为迫切。

1984 年 10 月，党的十二届三中全会通过了《关于经济体制改革的决定》，比较系统地提出和阐明了经济体制改革中的一系列重大理论和实践问题，它是一部全面进行经济体制改革的纲领性文献。《关于经济体制改革的决定》突破了把计划经济同商品经济对立起来的传统观念，确认我国社会主义经济是公有制基础上的有计划的商品经济。

据此，《关于经济体制改革的决定》系统阐明了建立充满生机的社会主义经济体制所需要解决的主要问题：增强企业活力；自觉运用价值规律；建立合理的价格体系；实行政企分开；建立多种形式的经济责任制；进一步扩大对外的和国内的经济技术交流；造就一支宏大的经济管理干部队伍；加强党的领导，保证改革顺利进行。在《关于经济体制改革的决定》精神的指导下，以城市为重点的整个经济体制改革从 1985 年起全面展开。

国营企业改制如火如荼，民营企业方兴未艾。新中国成立以来，第一次“下海”浪潮席卷了全国各地，万科、联想、健力宝、娃哈哈、TCL、容声、上海大众、三九胃泰等知名企业都诞生在 1984 年前后，后来人们将 1984 年称为中国现代公司的元年。

（三）从点到线逐渐扩展对外开放前沿阵地

对外开放战略开始实施后，四大经济特区成为国家技术创新的窗口、管理的窗口、知识的窗口、对外政策的窗口，它们使我们国家建立全新的对外经济文化交往迈出了扎实而卓有成效的第一步。1983 年 4 月，党中央、国务院又决定对海南岛实行经济特区的某些政策，给予其较多的自主权，以加速海南岛的开发。

紧接着，国家就迈出了对外开放的第二步——全部开放沿海港口城市。1984 年 5 月，秦皇岛、大连、天津、烟台、青岛、连云港、南通、上海、宁波、温州、福州、广州、湛江、北海，从北到南共 14 个大中港口城市加入了对外开放的行列。

交通便利、工业基础好、技术水平和管理水平比较高、科研文教事业比较发达是这十四个沿海城市的共同特征。它们既有开展对外贸易的经验，又有进行对内协作的网络，经济效益较好，是中国经济比较发达的地区。在这些城市里实行对外开放，既能充分发挥城市本身的优势，又能更好地利用其他国家和地区的资金、技术、知识和市场，推动老企业的更新改造和新产品、新技术的开发创造，增强产品在国际市场上的竞争能力，促使这些城市从内向型经济向内外结合型经济转化。从战略布局上讲，沿海开放城市更是将四大经济特区从南到北连接起来，形成一条对外开放的前沿阵地，有力地促进了信息、技术、人才、资金从沿海到内地的战略转移，对内对外的辐射作用巨大，有力地带动了内地经济的发展。

（四）国民经济在困难与挑战中坚持前行

党的十一届三中全会后实行的第一个五年计划——“六五”计划，在我国的改革开放历程中占据着十分特殊的地位。在此期间，国际国内形势都发生了重大变化。在国际上，和平与发展取代战争与对抗成为世界的主题，虽然局部冲突仍然此起彼伏，但是国际总体形势继续趋于缓和，相应地，中国开始改变长期以来奉行的“战争与革命”的时代观，以经济建设为重心成为全党全国人民的共识，安定团结的政治局面得到进一步巩固，为经济社会发展提供了政治保证和根本前提。城乡经济体制改革和对外开放调动了各方面的积极性，为经济社会发展提供了强大动力。制订的计划切合实际，通过前几年的调整，重大比例关系趋于协调，为经济社会发展创造了良好的环境。到 1985 年年底，“六五”计划的经济指标全面和超额完成。

然而，在“六五”计划后期，经济发展过程中出现的固定资产投资规模过大、消费基金增长过猛、货币发行过多等问题日益凸显，由此引起经济过热局面，这也成为整个“七五”计划期间国家不得不认真对付的难题。

历经 3 年起草编制，1986 年 3 月，“七五”计划发布了，这是我国社会主义计划经济史上第一次在一个新的五年计划刚刚起步的时候就制订出来的经济和社会发展计划。“七五”计划提出经济社会发展的主要奋斗目标是：争取基本上奠定有中国特色的新型社会主义经济体制的基础，大力促进科学技术进步和智力开发，不断提高经济效益，使 1990 年的工农业总产值和国民生产总值比 1980 年翻一番或者更多些，使人民的生活质量、生活环境和居住条件都有进一步的改善。然而这一计划的实施过程并非一帆风顺。在前期，我国经济继续保持较高增长，完成了各项经济增长指标，但经济波动剧烈，国民经济比例失调问题凸现，由于出现了严重的通货膨胀，人民生活水平提高趋缓，与改革初期相比，城乡居民收入增长较慢。

（五）社会主义民主法制建设不断健全

经过几年的改革开放，整个国家在政治、经济、文化等各个方面都取得了长足的进展，人民民主专政得到巩固，一个安定团结、生动活泼的政治局面已经形成。但是，当时我国的宪法并没有反映现实生活中的这些变化，没有反映社会进一步发展所提出的要求，因此出台新的宪法势在必行。

1980 年 9 月，五届全国人大三次会议接受中共中央建议，决定成立宪法修改委员会，主持修改宪法。在对宪法修改草案讨论稿历时 4 个月的全民讨论中，广大群众表现了高度的政治热情和积极性，提出了大量的意见。经宪法修改委员会对该草案再次修改后，在广泛吸纳积极意见和建议的基础上，人民的意愿经过五届全国人大五次会议最终上升为国家意志，新宪法于 1982 年 12 月 4 日正式通过并公布实施。这部宪法正确总结了新中国成立以来的历史经验，提出：今后国家的根本任务是集中力量进行社会主义现代化建设。中国各族人民将继续在中国共产党领导下，在马克思列宁主义、毛泽东思想指引下，坚持人民民主专政，坚持社会主义道路，不断完善社会主义的各项制度，发展社会主义民主，健全社会主义法制，自力更生，艰苦奋斗，逐步实现工业、农业、国防和科学技术的现代化，把我国建设成为高度文明、高度民主的社会主义国家。新宪法用根本大法的形式对我国的根本政治制度和基本政治制度、基本经济制度、国家的根本任务、公民的基本权利和义务、国家机构的设置和职责等重大问题作了明确规定。

直至今天，虽然历经 1988 年、1993 年、1999 年、2004 年、2018 年五次修订，1982 年宪法的核心精神仍然在我国得到坚定贯彻。以制定 1982 年宪法为代表的社会主义民主法制建设和政治体制改革，对建设中国特色社会主义法律体系和制度体系具有十分重要的意义。它为中国特色社会主义制度的进一步发展提供了前进阶梯，同时也为经济体制改革和经济发展、社会稳定提供了重要政治保证。

（六）社会主义精神文明建设绝非无足轻重

党的十一届三中全会以后，特别是改革开放在全国全面展开后，物质文明在十几年间就得到了前所未有的发展，在这一过程中，党中央就已经开始意识到加强社会主义精神文明建设的重要性。早在改革开放初期，叶剑英和邓小平就曾先后提出，要在建设高度的物质文明的同时，提高全民的教育科学文化水平和健康水平，树立崇高的革命理想和革命道德风尚，发展高尚的丰富多彩的文化生活，建设高度的社会主义精神文明。1981年6月，党的十一届六中全会通过的《关于建国以来党的若干历史问题的决议》，明确强调社会主义必须有高度的精神文明。党的十二大进一步把建设高度的社会主义精神文明确定为我国社会主义现代化建设的一个战略方针，不久，党中央就作出了《关于社会主义精神文明建设指导方针的决议》，从社会主义现代化建设总体布局的高度，阐述了社会主义精神文明建设的战略地位和根本任务，强调要培育有理想、有道德、有文化、有纪律的社会主义公民，用建设有中国特色的社会主义的共同理想团结全国各族人民，提高整个中华民族的思想道德素质和科学文化素质。以马克思主义为指导的社会主义精神文明是社会主义社会的重要特征，它为物质文明的发展提供精神动力和智力支持，为它的正确发展方向提供思想保证，搞好这项建设是关系社会主义兴衰成败的大事。

实际上，马克思主义的创始人对于精神文明建设一贯采取重视态度。马克思和恩格斯虽然没有明确提出精神文明建设的概念，但也在唯物史观中详细地论述了物质生产与精神生产之间的关系，强调了精神生产对于物质生产的重要促进作用。列宁关于社会主义精神文明建设的思想是非常丰富的，但很可惜没有在苏联得到正确的实践，事实上苏联社会主义精神文明建设也如同其经济建设一样走了一条偏差的道路。东欧剧变的一个重要原因就是在精神意识形态领域发生严重蜕变，其结果就是为社会主义国家精神文明建设提供了生动的反面教材。国际共产主义运动遭遇巨大挫折后，防止敌对势力的和平演变、切实加强社会主义精神文明建设成为摆在社会主义中国面前更加迫切的需要。

（七）在新思路指导下加强党的自身建设

党的十二大召开前，党的建设拨乱反正的任务已经完成，党的制度建设与改革的命题已经明确，大批遭受迫害的老干部重回工作岗位，但是在新形势下如何加强党的建设的目标和主题仍有待探索，党的制度中的弊端也仍须进一步克服，在社会主义现代化建设中新老干部队伍的交替任务仍然十分艰巨。

面对此种情况，党的十二大旗帜鲜明地提出“把党建设成为领导社会主义现代化事业的坚强核心”，同时全面总结党的建设历史经验，提出党的建设新主题，为新时期全面加强党的建设指明了方向。党的事业与党的建设紧密相连，围绕这个目标，党通过采取一系列新的举措，推动党的建设出现新的局面。健全民主集中制，克服分散主义、自由主义，努力发展党内民主，保证在民主基础上的集中统一，使党内政治生活进一步正常化，这是关系党和国家命运的根本问题；改革党和国家领导体制、领导机构，推进干部队伍新老交替，克服官僚主义倾向，努力建设一支革命化、年轻化、知识化、专业化的干部队伍；加强党的工人、农民、知识分子中的工作，不断密切同人民群众之间的联系；有计划有步骤地进行整党，在全党分期分批开展了一次以统一思想、整顿作风、加强纪律、纯洁组织为基本任务的全面整党。1987 年 5 月，整党基本结束。党的建设的加强和改进，保证了党始终成为改革开放和社会主义现代化事业的坚强领导核心。

党的十二大对党的建设进行的全新探索，取得了积极的成果，不仅指导了此后一个阶段党的建设在正确的方向上全面开展，而且对新时期党的建设具有长期的指导作用，其深远影响延续至今。

五、社会主义初级阶段基本路线的“三步走”发展战略

（一）党在社会主义初级阶段基本路线的确立

改革开放的实践、中国特色社会主义事业的不断推进，迫切需要党在深刻分析基本国情、总结实践经验基础上，对什么是社会主义、怎样建设社会主义，以及我国改革开放和社会主义现代化建设的基本路线从理论和实践上进一步作出明确的回答。

邓小平在党的十二大召开时就第一次提出了“中国特色社会主义”全新理念。在他看来，中国特色社会主义就是要把马克思主义的普遍真理同我国的具体实际结合起来，走自己的道路，这既是我们党总结长期历史经验得出的基本结论，也是未来发展的正确方向。后来，邓小平又多次强调和阐述了关于中国特色社会主义的思想。

1987 年 10 月，党的十三大系统总结了我国社会主义建设的历史经验，特别是改革开放以来的经验，第一次全面深刻阐述了社会主义初级阶段的理论，明确提出了党在社会主义初级阶段的基本路线，就是领导和团结全国各族人民，以经济建设为中心，坚持四项基本原则，坚持改革开放，自

力更生，艰苦创业，为把我国建设成为富强、民主、文明的社会主义现代化强国而奋斗。概括起来说，它的主要内容就是“一个中心、两个基本点”，即以经济建设为中心，坚持四项基本原则，坚持改革开放。实践证明，党的基本路线是党和国家的生命线。坚持这条基本路线不动摇，是不断夺取中国特色社会主义新胜利的根本保证。

知识链接

社会主义初级阶段

社会主义初级阶段理论是中国共产党人对科学社会主义理论的重要贡献。这一论断的科学内涵包括两层含义，即我国社会已经是社会主义社会，我们必须坚持而不能离开社会主义；但是我国的社会主义社会还处在初级阶段。我们必须从这个实际出发，而不能超越这个阶段。社会主义初级阶段，不是泛指任何国家进入社会主义都会经历的起始阶段，而是特指我国在生产力落后、商品经济不发达条件下建设社会主义必然要经历的特定阶段。我国从 20 世纪 50 年代生产资料所有制的社会主义改造基本完成，到社会主义现代化的基本实现，至少需要上百年时间，这都属于社会主义初级阶段。

要沿着这条基本路线走好中国特色社会主义建设的道路，首先必须牢牢抓住主要矛盾，也就是社会主义初级阶段的主要矛盾。我国的社会主义建设自从 1956 年开始后，党中央先后多次强调了我们面对的主要矛盾，从党的八大指出国内主要矛盾是人民对于建立先进的工业国的要求同落后的农业国的现实之间的矛盾、对于经济文化迅速发展的需要同当前经济文化不能满足人民需要的状况之间的矛盾；到 1981 年党的十一届六中全会指出社会主义改造完成后我国社会主要矛盾是人民日益增长的物质文化需要同落后的社会生产之间的矛盾；再到党的十三大正式提出社会主义初级阶段的主要矛盾，为社会主义初级阶段的各项工作提出了努力方向。我们只有牢牢抓住这个主要矛盾，才能清醒地观察和把握社会矛盾的全局，有效地促进各种社会矛盾的解决。经过几十年的努力，习近平总书记在党的十九大报告中强调，中国特色社会主义进入新时代，我国社会主要矛盾已经转化为人民日益增长的美好生活需要和不平衡不充分的发展之间的矛盾。

（二）通过“三步走”战略规划经济社会发展目标

近代以来，民族独立、摆脱贫穷、发展经济、国家振兴，始终是中国人民的共同梦想。新中国成立后，这一切才有可能变成现实。中国共产党成为执政党后，始终重视制定比较长远的经济发展战略。毛泽东就曾多次谈到经济建设的步骤和发展战略的问题，他认为，在中国建设强大的社会主义经济不仅仅需要 50 年乃至 100 年，甚至需要更多的时间。周恩来根据毛泽东的意见，在三届全国人大一次会议上的政府工作报告中强调发展国民经济、实现四个现代化的历史任务时，提出了国民经济从第三个五年计划开始分两步发展的设想，即在 1980 年以前，用 15 年时间建成一个独立的比较完整的工业体系和国民经济体系；在 20 世纪内，全面实现农业、工业、国防和科学技术的现代化，使我国国民经济走在世界的前列。

党的十一届三中全会以后，党的工作重点重新转移到了现代化建设上来，在改革开放的进程中不但作出了社会主义初级阶段的重大论断，更在实践中逐步形成了新的国民经济发展战略。1979 年，邓小平会见日本首相大平正芳时，第一次提出“小康”的概念，并将其用于现代化发展战略。他深入浅出解释“小康社会”，就是虽然不富裕，但是日子好过。作为一位大战略家，邓小平把这个经济发展战略同中国对外开放的基本国策和按照“一国两制”解决港澳台问题实现祖国统一等一系列政策的长期性联系起来。他强调，我们的基本政策 50 年不变，因为到 20 世纪这一步走完了，我们还用 50 年左右的时间，才能达到中等发达国家水平。为了让全体人民过上“好日子”、实现共同富裕和祖国统一，邓小平运筹帷幄、详细规划，为中国的社会主义现代化建设提出了“三步走”发展战略目标。他详细解释了每一步如何走：第一步，从 1981 年到 1990 年，国民生产总值翻一番，实现温饱；第二步，从 1991 年到 20 世纪末，再翻一番，达到小康；第三步，到 21 世纪中叶，再翻两番，达到中等发达国家水平。对于中国所处的历史时期和国际局势，邓小平始终有着清醒的认识，他强调：“我们确定了一个政治目标：发展经济，到本世纪末翻两番，国民生产总值按人口平均达到八百美元，人民生活达到小康水平。这个目标对发达国家来说是微不足道的，但对中国来说，是一个雄心壮志，是一个宏伟的目标。更为重要的是，在这个基础上，再发展三十年到五十年，力争接近世界发达国家的水平。”①

知识链接

“三步走”发展战略

1987 年 10 月，“三步走”发展战略在党的十三大上得到了通过和强调，社会主义初级阶段经济建设的总体规划有了新的蓝图，在战略上指导和协调了中国的各项经济工作。党的十三大报告明确提出：“党的十一届三中全会以后，我国经济建设的战略部署大体分三步走。第一步，实现国民生产总值比一九八〇年翻一番，解决人民的温饱问

① 邓小平：《我们的宏伟目标和根本政策》，《邓小平文选》第 3 卷，人民出版社 1993 年版，第 77 页。

> 题。这个任务已经基本实现。第二步，到本世纪末，使国民生产总值再增长一倍，人民生活达到小康水平。第三步，到下个世纪中叶，人均国民生产总值达到中等发达国家水平，人民生活比较富裕，基本实现现代化。然后，在这个基础上继续前进。”

党的十三大确立的“三步走”发展战略是一个有显著特点的渐进的经济建设发展战略，它从中国社会主义初级阶段的基本国情和经济发展的内在规律出发，进一步明确了中国经济建设的历史任务和奋斗目标，以社会主义初级阶段的主要矛盾演化为线索，以社会生产的发展水平和相应的人民生活水平为标志，来划分经济建设的战略步骤并确定每一步所要达到的目标。总之，这是一个考虑到方方面面的、切实可行的经济发展战略。在这一目标的指导下，国民经济发展大致要经过三个相互衔接、循序渐进的发展步骤，至少需要上百年时间。经济建设部署好了，其他方面的工作就可以作出相应的配合，极大地鼓舞和调动了全国人民建设社会主义的积极性。历史经验表明，国家战略、路线、方针、政策的稳定性基础是经济，中国经济建设必须在更深的层次上有更长远的规划。

（三）点线面三位一体对外开放新格局形成

随着改革的推进，对外开放的步伐进一步加大。1988 年 3 月，国务院发出《关于扩大沿海经济开放区范围的通知》，决定适当扩大沿海经济开放区。1988 年 4 月 13 日，七届全国人大一次会议通过设立海南省和建立海南经济特区的决定。同年 5 月 4 日，国务院作出《关于鼓励投资开发海南岛的规定》，给予海南经济特区更加灵活的经济政策，授予海南省人民政府更大的自主权。海南设省、把海南岛设立为经济特区，体现了中央加快改革开放的魄力和决心。

继对外开放迈出建立经济特区、开放沿海开放城市这两个成功步骤之后，1990 年 4 月，中央作出开发浦东的重大决策，要把上海建设成为国际金融、贸易、经济中心，成为现代化上海的象征。作为国内经济与世界经济的结合部，这些沿海开放城市是对外开展经济贸易活动和对内进行经济协作两个辐射扇面的交点，直接影响了全国改革开放形势的发展。在前几步稳扎稳打、步步为营的基础上，党中央先后将长江三角洲、珠江三角洲、闽南厦漳泉三角地区划为沿海经济开放区，此后新增的沿海经济开放区辽东半岛和山东半岛则同已经开放的大连、秦皇岛、天津、烟台、青岛等地连成一片，形成环渤海开放区，为对内搞活经济、对外实行开放谋划了重要的战略布局。进入 90 年代以后，我国对外开放的步伐逐步由沿海向沿江及内陆和沿边城市延伸，大批沿江及内陆和沿边城市的开放，完成了我国对外开放的第四步。

到 1993 年，经过多年的对外开放的实践，不断总结经验和完善政策，我国的对外开放由南到北、由东到西层层推进，基本上形成了“经济特区——沿海开放城市——沿海经济开放区——沿江和内陆开放城市——沿边开放城市”这样一个宽领域、多层次、有重点、点线面结合的全方面对外开放新格局。至此，我国的对外开放城市已遍布全国所有省区，我国真正进入了改革开放新时代。

（四）在深化改革中加强对经济的治理整顿

在经济加速发展过程中，举国上下都期待着加快改革和发展。1984 年到 1988 年，我国经济经历了一个加速发展的飞跃时期。农业和工业、农村和城市、改革和发展相互促进，整个国民经济提高到一个新水平。与此同时，我国经济运行中出现一系列不稳定、不协调的问题，突出表现为通货膨胀加剧，社会生产和消费总量不平衡，结构不合理，经济秩序混乱，作为价格改革过渡措施的价格双轨制的负面影响也逐步显现出来。1988年夏季，在经济秩序特别是流通秩序的混乱状况没有得到扭转的情况下，放开了大部分商品价格，实行价格改革“闯关”。但这一决策未能充分考虑国家、企业和群众的承受能力，结果诱发全国性抢购风潮。

知识链接

价格并轨中的“抢购潮”

1988年，中央决定实施价格“并轨”，放开价格管制，取消价格双轨制，实行“价格闯关”，这直接导致当年全国出现了大范围物价上涨，进而产生了波及大江南北的抢购风潮。几乎所有的银行门前都排满了来提款的储户，不管到期还是未到期；几乎所有的商店前都挤满了来购物的大妈大婶，不管需要不需要，白糖、白菜、洗衣粉、肥皂都成为这场空前的抢购风中的商品，百货大楼的货架空了，杂货铺的商品也卖空了。但如果当年“不闯关”，中国经济的市场化改革将难以取得突破。中国的经济体制改革，取消“双轨制”的价格改革是关键。抓住时机改革城镇居民的“菜篮子”，则是关键之关键。实行暗补改明补，解决价格倒挂，这一改革措施涉及千家万户，因而风险和难度都非常大，但只要闯过这一关，就将为我国的价格改革铺平道路。如今，被视为“禁区”的粮食供应、住房分配制度等，都已借鉴当初“菜篮子”改革经验，实行了市场化的改革，从而极大地促进了我国粮食和房地产市场的蓬勃发展。中国正沿着社会主义市场经济的方向，阔步前进。

面对这一严峻局面，为了减少经济发展的不稳定因素，党的十三届三中全会及时召开，深刻分析了当时的政治经济形势，迅速确定了治理经济环境、整顿经济秩序、全面深化改革的方针，开始对经济进行综合治理整顿。治理经济环境，主要是压缩社会总需求，抑制通货膨胀。整顿经济秩序，主要是整顿在新旧体制转换中出现的混乱现象，特别是流通领域中的各种混乱现象。全面深化改革，主要是要进行全面的配套改革。经过一年左右的治理整顿，过旺的社会需求得到控制，相当多的商品由原来供不应求转变为供大于求。

中国的改革开放和经济社会发展的这一次“治理整顿”，不仅治理和部分改革了前十年积累下来的体制问题，也调整了因经济发展过快而出现的结构失衡问题，为 1992 年以后的改革和发展稳住了阵脚、准备了条件。

六、积极调整对外战略，促进祖国和平统一

（一）世界局势深刻变革影响着我国外交政策的调整

党的十一届三中全会前，《中日和平友好条约》的签订和中美建交成为国家外交领域最为重大的两个决策。这为随后的改革开放提供了一个更稳定、更有利的国际环境，是外交政策调整的重要开端。党的工作重点得以顺利转移后，外交工作的主要任务除了一如既往维护国家独立和主权、反对霸权主义之外，还要配合国家经济建设，争取一个有利的国际和平环境。

在国际社会上，新科技革命深刻改变了第二次世界大战后世界经济社会生活和世界面貌，一方面，世界各国的生产、流通、投资等日益联结为一个整体，各国经济发展只有在相互依存、相互渗透的条件下才能真正实

现，各国之间全部矛盾和竞争的核心是经济问题；另一方面，世界多极化的趋势逐渐显现，国际形势总体上出现了相对和平的发展趋势，世界要和平，人民要合作，国家要发展，社会要进步，成为时代的潮流。这一时期，中央对战争与和平问题有了不同看法，改变了战争不可避免并迫在眉睫的观点，我国的对外政策就开始随着对国际形势判断的变化进行重大调整。

到20世纪80年代中期，邓小平根据世界经济与政治发生的重大变化，敏锐地把握到时代的主题已开始由战争与革命转变为和平与发展，及时提出和平与发展已经成为当今世界的两大主题的科学论断。他一再强调，世界大战是可以避免的，我们有可能争取较长时期的和平环境。正是基于这样的判断，我们党才作出了以经济建设为中心，集中力量进行社会主义现代化建设的战略决策。和平与发展成为时代主题，是指和平与发展代替战争与革命成为当代世界面临的两个重大课题，并不意味着战争与革命这两个问题已经解决。世界大战可以避免，但战争的危险并没有根除；经济发展越来越成为各国的共同要求，但南北差距仍在扩大，世界各国远未实现共同繁荣。

（二）军队建设指导思想实现战略性转变

新中国成立以来，在美苏争霸、冷战升级等国际局势的影响下，我国军队的建设一直处于“盘马弯弓箭不发”的临战准备状态。历史发展到20世纪80年代，虽然战争危险依然存在，但和平力量也日益增长。国际国内形势和国家安全环境的变化，要求国防和军队建设的指导思想也随之发生转变。对此，邓小平在科学分析中国国情的基础上认为：国家的安全保障最终取决于一个国家的经济实力。包括外交与国防军队建设在内的一切工作都要服从国家经济建设这个大局，只有经济搞上去了，国力大大增强了，国防和军队建设才能真正搞得好。

在1985年召开的中央军委扩大会议上，党中央、中央军委从世界格局的变化出发，从国家建设的全局出发，从军队建设的实际出发，作出军队建设指导思想实行战略性转变的重大决策，即从立足于“早打、大打、打核战争”的临战准备状态转到和平时期建设轨道上来，要求充分利用大仗打不起来的这段和平时期，在服从国家经济建设大局的前提下，走精兵之路，抓紧时间，有计划、有步骤地进行以现代化为中心的根本建设，减少数量，提高质量，增强军队在现代条件下的作战能力。改革体制、精简整编的根本目的，是要逐步把人民解放军建设成为一支机构精干、指挥灵便、装备精良、训练有素、反应快速、效率很高、战斗力强的精兵。这是建军理念上的一次重大突破，也是我军历史上的一次伟大的战略决策。

随即，举世瞩目的百万大裁军开始了。各总部、各军兵种、各大军区和国防科工委机关及其直属单位进行了大规模的撤并机构和精简人员，原来的十一个军区合并为七个大军区。调整后的军区，战区范围扩大，兵源充足，物质资源雄厚，战役纵深加大，从而提高了大军区的独立作战能力。结合精简整编，三总部、大军区、军兵种的领导班子，也按照革命化、年轻化、知识化、专业化的方针调整配备。有人把这形象地比喻为既“消肿”，又“输血”。调整后的三总部领导班子的人数比原来减少23.8%，大军区领导班子的人数比原来减少一半，军队干部队伍向着年轻化、高素质化层次迈进了一大步。

（三）“一国两制”伟大构想的初步实践

解决香港问题、澳门问题和台湾问题等历史上的遗留问题，实现国家统一，是全体人民的共同愿望。新中国成立后，党和国家为解决台湾问题进行了长期不懈的努力，毛泽东、周恩来都曾提出争取以和平方式解决台湾问题的主张。但在错综复杂的国际局势影响下，这些主张未能付诸实践。

直至20世纪70年代末，中美建交、实现了关系正常化；党和国家的工作中心也重新转移到现代化经济建设上来；海峡两岸的中国人、港澳同胞以及海外侨胞、华人，都殷切期望两岸携手合作，共同振兴中华。国际国内形势的变化，促使中国共产党出于对整个国家民族利益与前途的考虑，本着尊重历史、尊重现实、实事求是、照顾各方利益的原则，提出了“和平统一、一国两制”的方针。“一国两制”，即“一个国家，两种制度”，是中国政府为实现国家和平统一而提出的基本国策。按照邓小平的论述，“一国两制”是指在一个中国的前提下，国家的主体坚持社会主义制度，香港、澳门、台湾保持原有的资本主义制度长期不变。

“一国两制”伟大构想，开辟了以和平方式实现祖国统一的新途径。虽然这一构想最早是为解决台湾问题而提出的，但在实践中首先被运用到解决香港、澳门回归祖国的问题上，并取得成功。香港、澳门回归进程的启动，证明了“一国两制”构想既体现了实现祖国统一、维护国家主权的原则性，又充分考虑到香港、澳门等地的历史和现实，是推动祖国和平统一的创造性方针，为世界各国提供了国家间解决历史遗留问题的范例。

延伸阅读

1. 邓小平:《解放思想，实事求是，团结一致向前看》,《邓小平文选》第2卷，人民出版社1994年版。

2. 邓小平:《在中央军委全体会议上的讲话》,《邓小平文选》第2卷，人民出版社1994年版。

3. 邓小平:《完整地准确地理解毛泽东思想》,《邓小平文选》第2卷，人民出版社1994年版。

深度思考

1. 在改革开放排除万难、继续前进的过程中，我们能够战胜困难的最可靠保证是什么？

2. 习近平总书记多次对改革开放作了精辟的论述，他强调，实现新的更大发展，从根本上还要靠改革开放。20 世纪 70 年代末的中国，为什么必须改革开放？

第六章

世纪赶考：中国特色社会主义走向 21 世纪

20世纪80年代末90年代初，国际局势风云突变，东欧剧变、苏联解体等一系列重大事变接连发生，世界社会主义出现严重曲折。有西方学者提出“历史终结论”，宣称资本主义制度是人类历史的终点。一时间，社会主义中国的未来走向成为党内外、国内外关注的焦点。中国共产党团结带领全党全国各族人民，坚持党的基本理论、基本路线，加深了对什么是社会主义、怎样建设社会主义和建设什么样的党、怎样建设党的认识，积累了治党治国新的宝贵经验，形成了“三个代表”重要思想；在国内外形势十分复杂、世界社会主义出现严重曲折的严峻考验面前，捍卫了中国特色社会主义，确立了社会主义市场经济体制的改革目标和基本框架，确立了社会主义初级阶段的基本经济制度和分配制度，开创了全面改革开放新局面，推进党的建设新的伟大工程，成功把中国特色社会主义推向21世纪。

一、向着改革开放历史新阶段整装出发

（一）风云变幻中的中流砥柱

1989年，我国国内正在集中力量进行社会主义建设，而此时的国际环境风云诡谲。从下半年起，东欧一些社会主义国家与苏联长期积累的各种

矛盾不断激化、同美国及北约国家“冷战”不断升级加剧，在这一系列因素综合作用下，首先自波兰人民共和国开始，后来扩展到德意志民主共和国、捷克斯洛伐克、匈牙利人民共和国、保加利亚人民共和国、罗马尼亚社会主义共和国等华沙条约组织国家，在这些国家长期执政的共产党先后失去执政地位，社会制度随之发生根本变化。最终，1991 年年底，苏联解体，拥有 74 年光辉历史的强大社会主义国家土崩瓦解。第二次世界大战后形成的社会主义阵营不复存在，持续几十年的东西方“冷战”格局宣告结束，“历史终结论”一时间甚嚣尘上。以美国为首的一些西方国家趁机掀起反华浪潮，借口维护所谓“人权”，对中国进行指责，并宣布采取暂停中美政府间一切军售和商业性武器出口、暂停中美两国军事领导人之间的互访、重新研究中国留美学生要延长逗留时间的请求等五项制裁措施，对中国施加政治压力和经济“制裁”。

面对纷繁复杂的国际局势，邓小平反复强调，要保持稳定和坚持改革开放，并提出了冷静观察、稳住阵脚、沉着应付、韬光养晦、善于守拙、决不当头、有所作为等一系列指导方针。1989 年 6 月，党的十三届四中全会在充分分析国内发生政治风波的性质及原因后，初步总结了经验教训，明确了当前和今后一个时期党的方针和任务。根据邓小平提出的方针，党中央对国际形势作出基本判断，认为当今世界正处在大变动的历史时期。两极格局已经终结，各种力量重新分化组合，世界正朝着多极化方向发展。尽管目前国际形势动荡不安，充满各种矛盾，但和平与发展仍然是当今世界两大主题。根据这个判断，中央明确提出，要继续执行改革开放以来的基本外交政策，坚持反对霸权主义和强权政治，坚持在和平共处五项原则基础上同世界上一切国家发展友好关系。

新的中央领导集体坚决、全面地贯彻党的基本路线，一手抓治理整顿、深化改革，一手抓党的建设、精神文明建设和思想政治工作，全国政治局面迅速趋向稳定，经济形势逐步好转，思想战线出现新的转机。党中央随即在全党进行了一次做合格共产党员的教育活动，并在中央和地方单位的375万党员中进行了为期半年多的重新登记工作，对少数不合格党员进行了妥善处理，对违纪党员进行了纪律处分。这一工作使党的建设和思想政治工作得到加强，促进了我国的政治稳定和社会稳定，为治理整顿、深化改革创造了重要的思想政治条件。在这一过程中，中央领导集体顺利实现了新老交替，对于保证党的政策的稳定性、连续性，实现党和国家的长治久安，具有极为重大的意义。

在风起云涌的国际环境中，党中央处变不惊、妥善应对，成功打破西方国家的"制裁"，改革开放和中国特色社会主义事业经受住了考验。中国不仅没有因西方国家的"制裁"而被孤立，而且还在国际事务中发挥了积极作用。到1991年年底，中国同大多数西方国家的关系基本上回到正常轨道。

（二）经济治理整顿成效初步显现

经济发展是政治和社会稳定的基础。把国内的事情办好，关键是把经济建设搞好。开始于1988年9月的经济治理整顿，其主要目标是逐步降低通货膨胀率，使全国零售物价上涨幅度逐步下降到10%以下，扭转货币超经济发行状况，实现财政收支平衡，在提高效益基础上保持5%至6%的年增长率，改善产业结构，进一步深化和完善改革措施。在治理整顿期间，改革开放的脚步没有停顿，在某些领域还取得重大突破。

在广大农村，家庭联产承包责任制得到进一步巩固和完善，农业社会化服务体系和农产品市场得到发展。在大大小小的城市，国有大中型企业在推行承包经营责任制的同时，采取一系列改善外部环境、转换内部机制的措施，并继续扩大实行股份制、租赁制试点。非公有制经济在国民经济中的比重持续上升，对推动经济增长发挥了积极作用。外贸企业逐步实行自主经营、自负盈亏的新体制，促进了对外贸易和对外经济技术交流。

此时，历经阵痛的价格改革也终于成功迈出重要步伐。治理整顿期间我国经济形势出现的重大变化，特别是持续几十年的卖方市场第一次转向买方市场，给价格改革带来难得机遇。党和政府抓住机遇，及时推出价格改革重要举措。到 1992 年年底，由市场决定价格的比重从 1987 年的 50% 左右扩大到 80% 左右。1990 年年底，上海证券交易所正式开业，这是经济体制改革具有标志性的举措。

治理整顿进行一年多以后，取得了较好的效果：过热的经济明显降温，国民经济保持一定增长速度；供求平衡矛盾明显缓解，通货膨胀得到控制；产业结构调整开始起步；流通领域的混乱现象得到初步缓解，全国零售物价总水平的涨幅回落；商品供应充足，部分商品出现买方市场，市场秩序明显好转，居民消费心态稳定，市场销售趋向基本正常；国家外汇储备大幅增加。进出口贸易由逆差转为顺差，虽然受到西方经济“制裁”和政治压力，中国的外经外贸仍取得较大进展。尽管治理整顿期间我国经济发展速度有所放慢，但“七五”期间是我国经济继“一五”和“六五”之后的第三个高速增长时期。

历时三年多，“七五”计划胜利完成，人民生活水平进一步提高，全国绝大多数地区解决了温饱问题，开始了向小康社会迈进，治理整顿交出了一份令人满意的成绩单，党和国家开始制定国民经济和社会发展十年规划和“八五”计划，提出要在今后十年实现现代化建设的第二步战略目标，即把国民经济的整体素质提高到一个新水平。这是一个重要的历史时刻，改革开放和社会主义现代化建设事业即将进入一个新的阶段。

（三）改革开放迎着春风再出发

进入20世纪90年代后，党面临的国际国内形势依然是复杂的。东欧剧变、苏联解体后，社会主义在世界范围内的实践陷入低潮。冷战结束，世界开始走向多极化。世界的这种大变动、大改组，对我国的改革开放来说，既是重大机遇，又是严峻挑战。一方面，在多极化进程中，我国打破西方国家的“制裁”后，回旋余地增大。经济全球化进程加快，经济结构调整继续在世界范围内进行，高新技术产业迅猛发展，为我国加入全球性竞争与合作格局提供了机遇。另一方面，我国经济运行中存在的深层次问题尚未得到根本解决，在治理整顿期间经济发展速度有所放缓。同时，世界社会主义的曲折发展对我国也产生一定的负面影响，有人对社会主义的前途缺乏信心，也有人对改革开放产生怀疑，提出姓“社”还是姓“资”的疑问。能否坚持党的基本路线不动摇，抓住机遇、加快发展，把改革开放和现代化建设继续推向前进，成为影响20世纪90年代中国发展进步的重大问题。党中央在积极应对国际复杂局面、维护国内政治稳定和社会稳定的同时，也在思考和研究加快经济发展和深化改革开放的重大问题。

知识链接

南方谈话

1992年1月18日至2月21日，中国改革开放的总设计师邓小平，先后赴武昌、深圳、珠海和上海视察，沿途进行了多次重要谈话，提出了“革命是解放生产力，改革也是解放生产力”“基本路线要管一百年，动摇不得”“计划和市场都是经济手段”“科学技术是第一生产力”等重要论断，通称为“南方谈话”。1992年3月26日，《深圳特区报》率先发表了题为《东方风来满眼春——邓小平同志在深圳纪实》的长篇通讯，集中阐述了邓小平南方谈话的要点。以加快改革为主要内容的南方谈话，标志着中国改革进入新的阶段。

在这个重要历史关头，邓小平的南方谈话，针对人们思想中普遍存在的疑虑，重申了深化改革、加速发展的必要性和重要性，并从中国实际出发，站在时代的高度，深刻地总结了十多年改革开放的经验教训，在一系列重大的理论和实践问题上，提出了新观点，讲出了新思路，开创了新视野，有了重大新突破，将建设有中国特色的社会主义理论与实践，大大地向前推进了一步，是把改革开放和现代化建设推向新阶段的又一份“解放思想、实事求是”的宣言书。

随即，党中央将邓小平南方谈话要点作为中央文件下发，并要求尽快逐级传达到全体党员干部。这一系列重要讲话，不仅标志着继毛泽东思想之后，马克思主义与中国实际相结合的第二次伟大历史性飞跃的思想结晶——邓小平理论的最终成熟和形成；而且也标志着中国改革开放第二次浪潮的掀起，对中国 20 世纪 90 年代的经济改革与社会进步起到了关键性的推动作用，对 21 世纪中国的改革与发展，仍将产生不可估量的推动作用。

二、社会主义市场经济体制勾画新蓝图

（一）经济体制改革树立起新的目标

1992 年 10 月 12 日，在我国加快改革开放和社会主义现代化建设的新形势下，党的十四大隆重召开。承担着总结经验、加快发展、夺取中国特

色社会主义事业的更大胜利这一伟大历史任务，这次重要会议系统总结了改革开放 14 年的基本实践和基本经验，全面阐述了邓小平建设有中国特色的社会主义的理论，明确了建立社会主义市场经济体制的改革目标，提出了加快改革开放、推动经济发展和社会全面进步的主要任务，阐述了党和国家的对外政策，对新形势下加强党的建设和改善党的领导作出了战略部署。

回顾从 1978 年到 1992 年的 14 年，我国改革开放和现代化建设取得了举世瞩目的成就，现代化建设的第一步战略目标已经实现，国家经济实力显著增强，城乡人民的生活明显改善。14 年间，我国国民生产总值和城乡居民收入翻了一番还多，成为新中国成立以来国家经济实力增长最快、人民得到实惠最多的时期。特别是党的十三大以后的 5 年里，我们党经受了前所未有的政治考验，克服了国民经济在加速发展中出现的一些问题，化解了国际政治风云急剧变化带来的风险。在各种尖锐、复杂的矛盾面前，我们党坚定沉着，作出一系列重大而正确的决策，领导全国人民实现了社会稳定、政治稳定和经济发展。

在这次召开于特殊历史时期、具有特殊重要意义的大会上，中共中央作出了三项具有深远意义的重大决策：一是抓住机遇，加快发展，集中精力把经济建设搞上去。二是明确我国经济体制改革的目标是建立社会主义市场经济体制。三是确立邓小平建设有中国特色的社会主义理论在全党的指导地位。从此，中国改革开放和社会主义现代化建设进入新的发展阶段。

（二）贫穷不等于社会主义

按照党的十四大关于建立社会主义市场经济体制的重大决策，党中央、国务院作出一系列相应的体制改革和政策调整，同时抓紧制定总体规划，并有计划、有步骤地加以实施。经过广泛深入的专题调研，党的十四届三中全会把经济体制改革目标和基本原则进一步具体化，制定了建立社会主义市场经济体制的总体规划，勾画出社会主义市场经济体制的基本框架：在坚持以公有制为主体、多种经济成分共同发展的基础上，建立现代企业制度、全国统一开放的市场体系、完善的宏观调控体系、合理的收入分配制度和多层次的社会保障制度。

知识链接

社会主义市场经济体制

社会主义市场经济体制是中国改革开放建立的市场经济体制，它是同社会主义基本制度结合在一起的。建立社会主义市场经济体制，就是要使市场在国家宏观调控下对资源配置起基础性作用。建立和完善社会主义市场经济体制是中国进一步深化经济体制改革的一项重要内容。1992年，邓小平在南方谈话中提出要建立社会主义市场经济体制，党的十四大明确提出建立社会主义市场经济体制。

2017年10月18日，习近平总书记在党的十九大报告中指出："加快完善社会主义市场经济体制。经济体制改革必须以完善产权制度和要素市场化配置为重点，实现产权有效激励、要素自由流动、价格反应灵活、竞争公平有序、企业优胜劣汰。"

我国从传统的高度集中的计划经济体制向社会主义市场经济体制的转变，是一个根本变革，是经济体制的破旧立新和彻底转型。从计划经济体制向市场经济体制的转变，虽然只是二字之差，但其中的艰难险阻却错综复杂。马克思主义创始人和同时代的几乎所有社会主义者都把商品经济和私有制联系在一起，认为未来社会在全社会占有生产资料的基础上实行的是产品经济，商品和货币将从社会上消失。这些观点成为社会主义国家的长期共识，自苏联开始，社会主义国家普遍实行的是高度集中的计划经济，新中国成立后仍然如此。在这种经济体制下，只有指令性计划，没有指导性计划，经济缺乏弹性和活力，高度集中计划经济体制的弊端逐渐暴露出来。

1978 年的中国处于相当窘迫的经济状况中，贫困人口及低收入人口约占总人口的一半，人均国民生产总值尚不及发展中国家平均水平的一半。与国际发展差距的急剧扩大和国内吃不饱饭、饿肚子的严酷经济现实，迫使我们开始反思自己的经济体制、寻求经济增长、实现经济发展。这个主题被邓小平提高到社会制度的层面，精辟地概括成“贫穷不等于社会主义”，他从 1979 年开始就多次提出社会主义也可以搞市场经济，在南方谈话中也特别强调了计划和市场都是经济手段，不是社会主义与资本主义的本质区别，也就是指明了衡量改革成败与否的标准是是否实现了中国的经济增长，而不是所谓“姓社”还是“姓资”的无益争论。通过他的一系列论述，束缚在中国经济之上关于“姓社”还是“姓资”的枷锁终于解开，人们已不再把商品经济和市场看成是资本主义的专利品和社会主义的异己物。全国上下最终认识到，市场和市场经济不带有社会制度的属性，计划和市场都是方法，既可以为社会主义服务，也可以为资本主义服务，计划经济和市场经济的区别，不是前者排斥市场，后者排斥计划，而是在于对资源配置起基础性作用的是计划还是市场。也正因为如此，坚持以经济建设为中心不动摇成为我们始终坚持的基本国策。在这一共识的基础上，计划经济体制向社会主义市场经济体制转轨的步伐加快，市场在资源配置中的基础性作用得到明显增强，全国呈现出改革开放全面推进、经济建设迅猛发展的蓬勃景象。这就为有效进行宏观调控，保证经济健康发展，创造了有利条件。

（三）经济发展实现“软着陆”

在建设社会主义市场经济的热潮中，全国各地各行业纷纷抓住机遇、加快发展，1993 年我国经济得到较快发展，问题也随之而来。由于一些地方和部门片面追求高速度，再加上旧的宏观调控机制逐渐失效，新的调控机制尚未健全，以致金融市场乱象丛生、房地产市场滋生泡沫、通货膨胀先后出现，14% 的国内生产总值增长速度让中国经济“发高烧”了。经济增长过热的局面，带来的不是喜讯，而是危险的信号。

面对这种形势，党和国家果断采取实行适度从紧的财政政策和货币政策、整顿金融秩序和流通环节、控制投资规模、加强价格监督等一系列措施进行宏观调控，防治经济发展过热、防治金融风险，使经济回到正常平稳增长。在加强宏观调控的过程中，除采取必要的行政手段和组织措施外，经济和法律手段成为调控的主要方向，加快新旧体制转换成为主要出路，解决经济运行中的突出问题成为加快改革、建立社会主义市场经济体制的动力。经过三年的努力，宏观调控取得显著成效，通货膨胀得到成功抑制，同时保持了较快速度的经济增长，实现了从经济过热和通货膨胀到高增长、低通胀的“软着陆”，避免了经济大起大落，也为后来抵御亚洲金融危机的冲击打下了基础。

在加强宏观调控和深化改革的过程中，“八五”计划提出的主要指标完成或超额完成，国民经济和社会发展取得显著成就。“八五”计划实施期间，国民经济持续快速增长，国民生产总值年均增长 12.3%，1995 年达到 61130 亿元。原定 2000 年比 1980 年翻两番的目标提前五年实现。社会主义民主法制建设和精神文明建设进一步加强，科技、教育、文化、卫生、体育等各项社会事业全面发展。我国社会生产力、综合国力和人民生活都上了一个新的台阶，为全面实现第二步战略目标和 21 世纪初的持续发展奠定了坚实的基础。

（四）保持改革、发展、稳定的良性循环

时针来到20世纪的最后五年，中国经济又一次通过考验、战胜风险，成功实现了“软着陆”，改革开放的中国在世纪之交仍然面临艰巨的经济建设和社会发展任务。1995年9月，党的十四届五中全会通过关于制定国民经济和社会发展第九个五年计划和2010年远景目标的建议，并提出要实现从传统的计划经济体制向社会主义市场经济体制、从粗放型增长方式向集约型增长方式的两个根本转变。江泽民就社会主义现代化建设中若干重大关系问题作了阐述，其中最主要的是正确处理改革、发展、稳定的关系。这三者的关系是贯穿改革始终的一个重大问题。改革是动力，改革才能促进发展，从某种意义上说，经济发展问题实质上就是改革问题；发展是目的，是“硬道理”，是“执政兴国的第一要务”，问题的最终解决还有赖于经济的发展，发展反过来又会促进改革，是社会稳定和国家长治久安的基础；稳定是前提，是发展经济文化和顺利进行改革的必不可少的条件，没有稳定的环境什么都搞不成，甚至已经取得的成果也会失掉。改革、发展、稳定，既统一又矛盾，处理得好，能相互促进，处理得不好，又相互损害。中国改革成功的重要原因之一，就是把握好改革的力度、发展的速度、稳定的程度，使三者之间保持平衡和良性循环。

三、在统一思想中制定跨越世纪战略部署

进入 20 世纪 90 年代，世界科技革命出现新的高潮，科学技术对经济社会发展的推动作用日益明显，成为决定国家综合国力和国际地位的重要因素。在世纪之交的关键时刻，中国面临着举什么旗、走什么路、如何把中国特色社会主义事业继续推向前进的历史抉择。党的十五大承前启后、继往开来，明确回答了我国改革开放和社会主义现代化建设的一系列重大理论和实践问题，根据当代世界经济、科技的发展潮流和我国现代化建设的需要，及时提出并实施了科教兴国、可持续发展、西部大开发、对外开放"走出去"等多项战略，对中国特色社会主义事业的跨世纪发展起到了强有力的推动作用。

（一）确立邓小平理论为党的指导思想

1997 年 9 月 12 日至 18 日，中国共产党第十五次全国代表大会在北京举行。大会首次使用"邓小平理论"这个概念，把这一理论作为指引党继续前进的旗帜。党的十五大把邓小平理论确立为指导思想，把邓小平理论同马克思列宁主义、毛泽东思想一起作为党的指导思想写入党章。作出这个决策，表明了中央领导集体和全党把邓小平开创的中国特色社会主义全面推向前进的决心和信念，也反映了全国人民的共识和心愿。

与党的其他历次代表大会不同的是，党的十五大是 20 世纪举行的最后一次党的代表大会，具有承前启后、继往开来的重要意义。在邓小平理论和党的基本路线基础上，通过分析社会主义初级阶段的基本国情和总结党的十一届三中全会以来的经验教训，党中央提出了党在社会主义初级阶段的基本纲领，进一步阐明了建设有中国特色社会主义的经济、政治、文

化的基本特征和基本要求；对我国社会主义初级阶段的所有制结构和公有制实现形式，以及依法治国、建设社会主义法治国家等重大问题作出新的阐述。

在我国经济发展“三步走”战略的第二步目标即将实现之际，我们党在这次重要会议上对如何实现第三步目标作出进一步规划，提出了新的“三步走”发展战略，即：第一个 10 年实现国民生产总值比 2000 年翻一番，使人民的小康生活更加宽裕，形成比较完善的社会主义市场经济体制；再经过 10 年的努力，到中国共产党成立 100 年时，使国民经济更加发展，各项制度更加完善；到 21 世纪中叶中华人民共和国成立 100 年时，基本实现现代化，建成富强民主文明的社会主义国家。

（二）产业结构调整和企业改组改造并行不悖

随着建立社会主义市场经济体制步伐的加快，我国农业管理体制和产业结构与市场经济不相适应的矛盾越来越突出。1996 年，农业生产在取得丰收之后，农产品供给相对过剩、市场粮价持续下降、农民收入徘徊不前的局面也出现了。

根据我国经济发展状况，充分考虑世界科学技术加快发展和国际经济结构加速重组的趋势，着眼于全面提高国民经济整体素质和效益，党中央及时作出了坚持把农业放在经济工作的首位的决定，稳定党在农村的基本政策，确保农业和农村经济发展、农民收入增加，为解决农产品相对过剩问题，中央及时提出对农业结构实施战略性调整的方针。1998 年 10 月，党的十五届三中全会通过了《中共中央关于农业和农村工作若干重大问题的决定》，提出农业和农村实现跨世纪发展的目标和任务。

在农业产业结构调整的同时，国有企业的体制转换和结构调整也进入了攻坚阶段，一些深层次矛盾和问题集中暴露出来。从 1994 年年底开始，国有企业建立现代企业制度改革试点工作取得明显成效，但是从总体上看，国有企业面临的困难局面仍在延续，1996 年上半年甚至出现净亏损的局面。党的十五大以后，以建立现代企业制度为方向的国有企业改革攻坚全面展开。按照建立现代企业制度的要求，许多国有企业进行了公司制和股份制改造，并在境内或境外资本市场成功上市，不仅募集了大量资金，改善了资产结构和经营状况，而且在促进多元化投融资体系形成、扩大国家财政收入渠道等方面都发挥了积极作用。国有小企业发挥“船小好掉头”的优势，采取改组、联合、兼并、租赁、承包经营、股份合作制、出售等形式，加快了改革步伐。1999 年 9 月，中共中央作出了关于国有企业改革和发展若干重大问题的决定，明确了到 2010 年国有企业改革和发展的主要目标和指导方针，强调要着眼于搞好整个国民经济，从战略上调整国有经济布局和改组国有企业；着力转换企业经营机制，提高企业整体素质；加强企业的研究开发和技术改造，走集约型和可持续发展道路；协调推进各项改革，建立权责明确的国有资产管理、监督和营运体系。

在国有企业改革中，出现了大量职工下岗问题。面对短时间内出现的大量的下岗职工，党和政府积极采取措施，加大再就业培训力度，创造新的就业岗位，解决下岗职工基本生活保障问题。这些措施保障了下岗职工的基本生活，在很大程度上消解了国有企业改革的困难和风险。

（三）“科教兴国”战略赋予经济发展新的动力

“科教兴国”战略，是在科学技术对我国现代化建设的推动作用日益受到重视的基础上逐步形成的。早在 1977 年“文化大革命”刚结束、重提中国实现现代化历史任务的最初时期，邓小平在科学和教育工作座谈会上明确地把科教的发展作为发展经济、建设现代化强国的先导。在之后召开的多次全国科学大会和全国教育工作会议上，邓小平都深刻地论述了经济快速发展离不开科技进步、而科技进步又依赖于教育的关系，从战略的高度强调大力发展科技和教育的重要意义。1988年，他又专门强调："马克思说过，科学技术是生产力，事实证明这话讲得很对。依我看，科学技术是第一生产力。"[①] 由此"科学技术是第一生产力"的伟大论断正式提出，明确了科学技术是第一生产力、科技发展是经济发展的决定性因素、社会主义的根本任务是解放和发展生产力等理论，这一论断创造性地发展了马克思主义关于生产力的学说，揭示了实施科教兴国战略的历史必然性。这一系列重要论述和科学论断，为科教兴国发展战略的提出和实施奠定了坚实的理论基础。

世纪之交，以信息科学、信息技术为主要标志的世界科技革命正在形成新的高潮，"知识经济"已经进入人类文明发展的历史进程，科学包括社会科学给社会生产和生活方式带来深刻变化。科技进步成为经济发展的决定性因素，科学技术实力成为衡量国家综合国力的重要标志。世界各国特别是大国都在制定和实施面向21世纪的发展战略，抢占科技和产业的制高点。面对发达国家在经济与科技上占优势的压力，面对我国经济和社会发展中的突出问题，1995年5月6日，党中央、国务院站在社会主义事业兴旺发达和民族振兴的高度，正式提出"科教兴国"战略，确立科技和教育是兴国的手段和基础的方针。这个方针大大提高了各级干部对科技和教育重要性的认识，增强了对科学技术是第一生产力的理解。

在"科教兴国"战略指引下，国家继国家高技术研究发展计划（"863"计划）后，又在1997年启动了国家重点基础研究发展计划（"973"计划），着力解决国家战略需求中的重大科学问题和对人类认识世界将会起到重要作用的科学前沿问题；不断提高全社会的科技意识，加大对科技工

① 邓小平：《科学技术是第一生产力》，《邓小平文选》第3卷，人民出版社1993年版，第274页。

作的投入。把教育放在优先发展的战略地位，着眼于发展面向现代化、面向世界、面向未来的社会主义现代化教育事业。

（四）可持续发展战略将眼光置于长远未来

在经济全球化的时代，资源和生态环境问题日益突出，向人类提出了严峻的挑战。这些问题既对科技、经济、社会发展提出了更高目标，也使经济发展日益受到人们的重视。在目前情况下，任何一个国家要增强本国的综合国力，都无法回避科技、经济、资源、生态环境同社会的协调与整合。

可持续发展的概念和理论是在 20 世纪 80 年代由西方学者首先提出的，其关注在实现经济和社会的全面发展过程中，既要依靠科技进步，又要充分考虑资源、环境和人口各种因素与经济发展相协调等观点，与中国传统文化中“天人合一”、尊重自然规律的思想不谋而合，这些观点后来也被我们党和政府逐渐接受。

在我国经济高速粗放增长、经济规模越来越大的形势下，可持续发展问题日益引起党中央的高度重视，可持续发展就是既要考虑当前发展需要，又要考虑未来发展需要，不以牺牲后人的利益为代价来满足当代人的利益。1992 年联合国环境与发展大会后，党中央、国务院批准并转发《关于出席联合国环境与发展大会的情况及有关对策的报告》，明确提出将实施可持续发展战略。1994 年，我国发表《中国 21 世纪议程——中国 21 世纪人口、环境与发展白皮书》，提出可持续发展的总体战略、对策和行动方案。

（五）西部大开发战略为深度对外开放谋篇布局

我国幅员辽阔，不同地区自然环境和发展条件差异很大，发展不平衡。新中国成立以来特别是改革开放以来，各地区经济都有很大发展，但由于发展速度不同，地区差距总体上呈扩大趋势。改革开放以来，东部沿海地区经济基础较好，地理环境优越，交通便利，对外开放早，具有率先发展的有利条件；而占中国国土面积2/3的中西部地区和发达的东部沿海地区相比，人口较稀少、自然条件较差、经济较落后，经济发展相对慢一些，但是中西部地区特别是西部地区的发展，关系到全国的经济发展和社会稳定，不仅具有重要的经济意义，而且具有重大的政治意义。如果一个社会主义大国、一个发展中国家，东西部问题长期得不到解决，甚至出现某些地区发展差距日益扩大的问题，是不正常的，必然会出现西部拖东部后腿，最终导致发展严重滞后，影响建设中国特色社会主义事业发展的全局。

世纪之交，我国综合国力显著增强，国家支持西部地区加快发展的条件基本具备，时机已经成熟。1999年9月，党的十五届四中全会明确提出国家要实施西部大开发战略，通过优先安排基础设施建设、增加财政转移支付等措施，支持中西部地区和少数民族地区加快发展。

西部大开发是一项规模宏大的系统工程，需要有全新的发展思路和总体规划。国家提出西部大开发要以基础设施建设为基础，以生态环境保护为根本，以经济结构调整、开发特色产业为关键，以依靠科技进步、培养人才为保障，以改革开放为动力，以繁荣经济、使各族人民共同富裕为出发点，在总体规划下，将在西部地区新开工十大工程，继而循序渐进，遵循经济规律实施，避免一哄而起。

（六）“走出去”战略使中国深度融入全球经济一体化

在世界经济一体化、全球化成为当今世界经济发展的主流时，实施“走出去”战略，充分分享国际分工利益，与世界先进经济技术同步前进，既是大势所趋，又是民心所向。

20世纪90年代，党在十分复杂和严峻的国际环境中，毫不动摇地始终坚持对外开放的基本国策，推动我国对外开放迈出重大步伐。面对经济、科技全球化趋势，党中央在世纪之交提出并实施了对外开放“引进来”和“走出去”相结合的战略，要以更加积极的姿态走向世界，推动全方位、多层次、宽领域的对外开放格局，发展开放型经济，增强国际竞争力。

根据这一部署，我国的对外开放从过去的侧重引进为主，发展为“引进来”和“走出去”相结合，积极参与国际合作。然而，从 1986 年 7 月 10 日提出复关申请到 2001 年 12 月 11 日成为世界贸易组织的第 143 名正式成员，中国的复关和入世之路可谓历尽坎坷。加入世界贸易组织，使中国经济在全球化进程中获得参与制定规则和竞争的有利位置，从而得到更为广阔的发展空间，对经济体制改革和现代化建设产生深刻影响，标志着我国对外开放进入了一个新的阶段。

四、民主政治和精神文明建设取得重大进步

世纪之交，我国社会主义经济发展、民主政治和精神文明建设取得重大进步，人民生活质量得到显著提高，总体上达到小康水平。

（一）社会主义民主法治建设为长治久安提供保障

我们党对于实行民主政治经历了多年的探索，最终才得出实施依法治国方略的正确认识。新中国成立以后，中国民主和法制建设一度有过长足的发展，但由于“左”的指导思想，民主法制建设的良好势头急转直下，最终酿成十年“文革”的重大错误。惨痛教训使党认识到，在中国这样一个有着几千年封建社会历史的国家，必须建立起社会主义的民主和法制。

在 1982 年宪法中，将“公民的基本权利和义务”置于“国家机构”之前，改变了以往放在“国家机构”之后的惯例，充分体现了保障公民权利的原则，这也是依法治国原则的生动体现。党的十三届四中全会提出，社会主义民主法制建设要抓紧进行。党的十四大提出，要积极推进政治体制改革，使社会主义民主和法制建设有一个较大的发展。为适应建立社会主义市场经济体制的需要，各级党委和政府按照政企分开和精简、统一、效能原则，对行政管理体制和党政机构进行了大刀阔斧的改革。在世纪之交，党的十五大把依法治国提到党领导人民治理国家的基本方略的高度，提出要在党的领导下、在人民当家作主的基础上依法治国，发展中国特色社会主义民主政治，建设社会主义法治国家。

作为中国共产党领导人民治理国家的基本方略，依法治国就是依照宪法和法律来治理国家，就是依照体现人民意志和社会发展规律的法律治理国家，而不是依照个人意志、主张治理国家；要求国家的政治、经济运作、社会各方面的活动通通依照法律进行，而不受任何个人意志的干预、阻碍或破坏。依法治国既是发展社会主义市场经济的客观需要，也是社会文明进步的显著标志，还是国家长治久安的必要保障。

与此同时，党和政府高举民族团结的旗帜，坚决打击国内外敌对势力和分裂势力利用民族问题、宗教问题进行政治渗透和分裂中国的活动。1996 年，中共中央政治局常委会专门研究了维护新疆稳定的问题，明确指出影响新疆稳定的主要危险是民族分裂主义势力和利用宗教进行的非法活动。为此，党中央提出并坚持积极做中亚国家领导人的工作，与他们达成共同反对宗教极端势力的共识，为维护新疆稳定提供了有利条件。

（二）让先进文化占领精神文明制高点

改革开放进行到第二个十年，在战胜艰难险阻、取得巨大成就、实现经济腾飞的同时，各种矛盾也开始呈现，一些社会问题逐渐暴露出来：贪污、受贿等腐败问题日益增多，重特大刑事案件时有发生，社会治安形势不容乐观，一些腐朽的思想观念有所冒头，面对变化的形势，社会上出现了两种不同的声音，一种是只要搞好经济就行，其他问题放一放再说；另一种是必须先搞好政治思想道德建设，经济建设可以慢一慢，宁可让“钱袋子”瘪了，也不能让“脑瓜子”空了。改革开放的总设计师邓小平坚定地认为，要一手抓改革开放，一手抓惩治腐败；一手抓经济建设，一手抓打击犯罪；一手抓物质文明，一手抓精神文明，做到“两手抓、两手都要硬”。此后，党中央坚持“两手抓、两手都要硬”的方针，采取系列重大措施，动员全党全社会的力量，继续推进社会主义精神文明建设，大力发展中国特色社会主义文化，取得新的重大进展。1996 年 3 月，精神文明建设的具体目标经由《国民经济和社会发展“九五”计划和 2010 年远景目标纲要》列入国民经济和社会发展规划，社会主义精神文明建设在全社会得到普遍重视，推动了物质文明建设和精神文明建设的相互促进、协调发展。

沿着解放思想、实事求是的思想路线，中国共产党充分发挥马克思主义的科学精神和创造活力，对社会主义的认识突破一系列僵化观念而提高到新的水平；牢记历史教训，对思想性质的问题用教育和疏导的方法去解决；大力加强爱国主义教育，在全国推行公民思想道德建设，公民素质显著提升；全国安定团结，民主法制逐步健全，广大干部和群众的积极性显著提高；群众性的精神文明建设活动广泛展开，积累了许多新鲜经验；尊重知识、尊重人才的社会风尚开始树立，教育科学文化日趋繁荣；党的优良传统在发扬，党风和社会风气在好转。

知识链接

“五个一工程”

由中共中央宣传部组织的精神文明建设“五个一工程”评选活动，自1992年起每年进行一次，评选上一年度各省、自治区、直辖市和中央部分部委，以及解放军总政治部等单位组织生产、推荐申报的精神产品中五个方面的精品佳作。这五个方面是：一部好的戏剧作品，一部好的电视剧（片）作品，一部好的图书（限社会科学方面），一部好的理论文章（限社会科学方面）。自1995年起，将一首好歌和一部好的广播剧列入评选范围，“五个一工程”的名称不变。

（三）人民生活实现总体小康

在奋力把中国特色社会主义事业推向21世纪的进程中，党带领人民坚定不移推进改革开放和现代化建设，正确应对来自经济、政治和自然界等方面的严峻挑战，取得了巨大的建设成就和一系列重大斗争的胜利。

1997年下半年，东南亚国家爆发金融危机，很快波及整个亚洲和世界其他地区，造成国际金融市场持续动荡，世界经济受到严重冲击。面对金融危机冲击，党中央明确提出“坚定信心，心中有数，未雨绸缪，沉着应付，埋头苦干，趋利避害”的指导方针，果断采取扩大国内需求的措施，实行积极的财政政策和稳健的货币政策，决定由中央财政向商业银行增发长期建设国债，增加投资，加强基础设施建设。同时，增加中低收入者的生活保障，改善人民生活。采取提高出口退税率、打击走私等措施，千方百计扩大出口，从多方面拉动经济增长。这些对策措施很快见效。

1998年夏，我国遭遇一场历史上罕见的特大洪涝灾害。长江、嫩江、松花江发生超历史纪录的特大洪水，珠江流域的西江和福建闽江也一度发生大洪水，受灾人口达 2.3 亿。面对特大灾害的考验，党中央、国务院、中央军委正确决断、周密部署。广大军民不畏凶险、奋力抗灾。党和国家领导人多次亲临抗洪一线，各级领导干部也纷纷奔赴现场。人民解放军和武警部队出动 30 余万官兵参加抗洪斗争，起到了中流砥柱的作用。全国上下万众一心，夺取了抗洪抢险斗争的全面胜利。

一系列重大斗争的胜利，充分显示了我国社会主义制度的优越性和党中央驾驭全局、解决复杂问题的能力，使党和人民在推进改革开放和现代化建设、实现跨世纪发展奋斗目标的道路上更加充满信心。到 2000 年，“九五”计划的主要任务完成或超额完成，我国现代化建设第二步战略目标基本实现了，人民生活总体上达到小康水平，为开始迈向第三步战略目标奠定了良好基础。

新世纪到来之际，我国已经成功实现了由计划经济体制向社会主义市场经济体制的转变，社会主义市场经济体制基本框架初步建立。此时，党准确把握国际形势发展变化，适应我国社会主义市场经济体制初步建立和第二步战略目标实现以后的新要求，顺应人民群众新期待，制定“十五”计划，为经济和社会发展制定了新的蓝图。

五、建设强大国防、维护祖国统一

在经济体制改革不断深化、民主政治建设持续推进、精神文明建设结出硕果的时候，党中央从改革开放和现代化建设的大局出发，积极推进中国特色军事变革，国防和军队建设迈出新步伐；在“一国两制”方针指引下，中国政府对香港、澳门先后恢复行使主权，祖国统一大业取得重大进展，两岸关系朝着和平统一方向发展；广泛开展双边和多边外交，积极参与国际交流和合作，对外工作开创新局面。

（一）为打赢现代战争、建设新时期人民军队

1991 年年初爆发的海湾战争，是机械化战争迈向信息化战争的转折点，引发了世界性军事变革浪潮。打赢高技术条件下局部战争，是我国国防和军队建设无法回避的重大而紧迫的课题。中央军委对新时期军队建设提出总要求，即政治合格、军事过硬、作风优良、纪律严明、保障有力。这个总要求，对全军尤其是领导机关、领导干部通盘筹划和推进军队建设，具有重要指导意义。

通过对现代战争进行深入分析，中央军委对我国的军事战略进行了重大调整，把军事斗争准备的基点放在打赢现代技术特别是高技术条件下的局部战争上。这一新时期军事战略方针抓住了军队建设的主要矛盾，为国防和军队建设提供了科学依据，指明了发展方向。1995 年 12 月，中央军委扩大会议通过《“九五”期间军队建设计划纲要》，明确提出科技强军战略和“两个根本性转变”的战略思想。进入新世纪，中央军委又向全军提出了机械化和信息化建设的双重任务，以及实现跨越式发展的新思路。

在推进中国特色军事变革之路上，我军先后迈出了几个重要步伐。通过精简和整编，在 20 世纪 80 年代裁减军队员额 100 万的基础上，用 3 年时间再裁减军队员额 50 万，陆军部队的比重下降，海军、空军、第二炮兵部队的比重上升，部队更加趋向小型化、轻型化、多样化，走出一条中国特色精兵之路，为进一步实现“精兵、合成、高效”创造了条件。通过作出军队一律停止经商活动的重大决策，消除了很多隐患，对于维护军队良好形象、促进军队党风廉政建设、巩固军政军民团结等起到了重要作用。

通过在新世纪第一天全军试行三军联勤体制，在全军建立起以军区为基础的三军联勤保障体制。

（二）祖国统一大业迈出重要步伐

自第一次鸦片战争开始，清政府就开始逐渐失去香港主权，随着《南京条约》《北京条约》《展拓香港界址专条》等不平等条约的签订，香港最终沦为英国的殖民地。此时，葡萄牙殖民者也借机与软弱无能的清政府签订了《中葡会议草约》和《中葡和好通商条约》，将已经通过早期租地、变相强占等卑鄙手段侵占的我国澳门变为殖民统治。

从那时起，中国人民争取民族独立和自由的斗争从未停歇。在中华人民共和国成立后，收回对香港和澳门的主权是真正实现祖国统一的必由之路和题中应有之义，更是亿万中国人民的意愿和呼声。1971 年，中国重返联合国后，立即开始着手为香港和澳门回归展开外交努力，申明了中国政府对于香港和澳门问题的坚定立场，为中国和平解决香港与澳门的主权问题制造了有利的背景条件。20 世纪 80 年代，随着我国改革开放不断深入、综合国力不断增强，解决香港、澳门问题的历史机遇期已经到来。中国政府克服重重困难，同英国、葡萄牙政府进行了长时间、多轮次的深入持久的外交谈判，最终签署《中英联合声明》和《中葡联合声明》，达成了和平解决香港、澳门问题的协议。随着全国人大通过了《中华人民共和国香港特别行政区基本法》《中华人民共和国澳门特别行政区基本法》，主权回归进入倒计时。

香港进入回归祖国的过渡期后，中英两国政府在解决香港问题上的前期合作基本顺利。1989 年后，特别是东欧剧变、苏联解体后，英国政府错误地估计了形势，违背《中英联合声明》规定的双方在香港后过渡时期要加强磋商与合作的精神，通过更换香港总督、推行所谓“政改方案”，试图把香港变成独立或半独立的政治实体，以阻挠和对抗中国政府对香港恢复行使主权。党中央从确保香港平稳过渡和维持香港长期繁荣稳定大局出发，明确了“以我为主，两手准备”的指导方针，对香港恢复行使主权和筹建香港特别行政区的有关工作都在加紧进行。在澳门回归进程中，澳葡政府也在中方的监督下，通过中文合法化、公务员本地化、法律本地化的“三化”措施，确保政权顺利交接。

1997年6月30日午夜至7月1日凌晨，中英两国政府香港政权交接仪式在香港会议展览中心大会堂举行。中华人民共和国香港特别行政区正式成立，第一任特首及特区政府宣誓就职。经历了百年沧桑的香港回归祖国，香港的发展从此进入一个崭新的时代。1999年12月19日午夜至20日凌晨，中葡两国政府举行澳门政权交接仪式。澳门的胜利回归，是中国人民在完成祖国统一大业的道路上树立的又一座丰碑。

香港和澳门顺利回归祖国，中华民族百年耻辱被洗刷，民族的神圣感情再次升华；“一国两制”伟大构想成为现实，大大增强了全国人民完成祖国统一大业的信心和决心。

面对亚洲金融危机的严重冲击和国际经济环境变化的不利影响，回归祖国后的香港、澳门，在中央政府的有力支持下，其特区政府沉着应对，各界人士携手努力，妥善处理一系列经济和社会问题，保持了经济和社会的稳定。事实雄辩地表明，“港人治港”、“澳人治澳”、高度自治的方针是正确的，“一国两制”在香港、澳门两个特别行政区的实践是成功的。

1987年年底，长达三十多年的海峡两岸隔绝状态被打破，两岸人员往来和经济、文化等各项交流随之开展起来，党中央致力于稳步推进海峡两岸关系的发展。1992年，祖国大陆海峡两岸关系协会与台湾海峡交流基金会（简称台湾“海基会”）达成“九二共识”，认同“海峡两岸均坚持一个中国原则”，明确了两岸关系的根本性质。大陆改革开放和现代化建设的发展，进一步推动了两岸人员往来以及经济、文化、体育等各领域的交流，进一步增强了中国的国际地位，有力地遏制“台独”分裂图谋，推进了两岸交流。

（三）构建面向 21 世纪的新型大国关系

20 世纪 90 年代初，在打破西方国家的“制裁”后，党中央正确分析和把握世界多极化、经济全球化趋势，积极应对国际关系新变化及科技迅猛发展的影响和挑战，坚持反对霸权主义和强权政治，维护世界和平与发展，推动建立公正合理的国际政治经济新秩序。在世纪之交，中国逐步建立起全方位、多层次的对外关系新格局。

这一时期，我国提出要积极致力于发展以不结盟、不对抗、不针对第三方为主要特征的新型大国关系。中国领导人加强了与美、日、俄以及欧盟各国首脑间的互访交流，致力于调整双边关系，据此，我国分别同俄罗斯、美国、法国、英国、日本及欧盟等建立了发展面向 21 世纪双边关系的基本框架，同加拿大、澳大利亚、新西兰等发达国家的关系也取得了新的进展，共同构筑了新型外交关系。

与此同时，反对霸权主义和强权政治、维护广大发展中国家的权益，是中国在多边外交活动中遵循的一个重要原则。面对以美国为首的北约以导弹袭击我国驻南斯拉夫联盟大使馆、中美战机在我国南海空域发生撞机等重大事件，中国同美国进行了有理、有利、有节的斗争，维护了两国关系稳定发展的大局，维护了国家主权和民族尊严。

这一时期中国多边外交还有一个突出特点，就是以更加开放的态度积极参加一系列地区性多边组织，坚定支持在平等参与、协商一致、求同存异、循序渐进原则下开展多形式、多层次、多渠道的区域性对话与合作。在 1991 年以主权国家身份加入亚太经济合作组织（APEC）后，2001 年 10

月，中国首次举办了亚太经合组织领导人非正式会议，与会各成员国领导人围绕“新世纪、新挑战：参与、合作，促进共同繁荣”的主题，深入交换意见，达成广泛共识。这次会议对中国外交打开新局面、促进亚太地区经济恢复和发展，产生了积极影响。而作为第一个由中国参与推动建立并以中国城市命名的地区性合作组织，上海合作组织充分体现了中国始终坚持积极发展同周边国家的睦邻友好关系、维护和平与稳定、促进共同发展的外交原则。目前，这一组织已成为人口最多、地域最广、潜力巨大的跨区域多边综合性组织，为维护地区安全稳定、促进共同发展繁荣作出了重要贡献。

知识链接

上海合作组织

1996 年 4 月，中国、俄罗斯、哈萨克斯坦、吉尔吉斯斯坦、塔吉克斯坦五国在上海举行会晤，签署《关于在边境地区加强军事领域信任的协定》，“上海五国机制”正式形成。1997 年，五国元首在莫斯科签署《关于在边境地区相互裁减军事力量的协定》，进一步巩固了“上海五国机制”。2001 年 6 月，中国、俄罗斯、哈萨克斯坦、吉尔吉斯斯坦、塔吉克斯坦和乌兹别克斯坦六国签署《上海合作组织成立宣言》，就合作打击恐怖主义、极端主义、分裂主义“三股势力”达成广泛共识。2017 年 6 月 1 日，中国外交部发言人华春莹在例行记者会上表示，印度和巴基斯坦将在阿斯塔纳上合组织峰会上成为正式成员，这是上合组织自 2001 年成立以来首次扩大。

六、扎实推进党的建设新的伟大工程

在承前启后、继往开来的世纪之交，中国共产党也在积极探索在发展社会主义市场经济条件下加强党的建设的目标、任务和途径，采取一系列重大措施加强和改进党的建设，在推进中国特色社会主义进程中成功把党的建设新的伟大工程推向 21 世纪。

（一）明确党的建设总目标和两大历史性课题

党的十四大确立了建立社会主义市场经济体制的改革目标。与此相适应，党的建设的目标、任务和要求也需要进一步加以明确。党的十四大报告指出：党所处的环境和肩负的任务有了很大变化，党的思想、政治、组织、作风建设都面临许多新情况新问题。我们一定要结合新的实际，遵循党的基本路线，坚持党要管党和从严治党，加强和改进党的建设，努力提高党的执政水平和领导水平，使我们这个久经考验的马克思主义的党，在建设有中国特色社会主义的伟大事业中更好地发挥领导核心作用。而党的十四届四中全会则在党的建设方面提出了新的要求，把党的建设提到“新的伟大工程”的高度，明确提出了党的建设的总目标和总任务。

党的十五大对党的建设的总目标和总任务作出新概括，强调要把党建设成为用邓小平理论武装起来、全心全意为人民服务、思想上政治上组织上完全巩固、能够经受住各种风险、始终走在时代前列、领导全国人民建设有中国特色社会主义的马克思主义政党。党的建设总目标和两大历史性课题的提出，丰富了马克思主义建党学说，适应了发展社会主义市场经济对党的建设的新要求，为新的历史条件下加强和改进党的建设指明了方向。

（二）打造一支“讲学习、讲政治、讲正气”的过硬队伍

1998年11月，中共中央开始了一场自上而下、分级分批在党政领导班子、领导干部中深入开展以“讲学习、讲政治、讲正气”为主要内容的党性党风教育（简称“三讲”教育）。讲学习，首先就是要学好并掌握科学理论，同时还要学习社会主义市场经济知识和现代科技、法律、历史知识，不断提高党员领导干部能力。讲政治，就是要求党员领导干部政治方向明确、政治立场坚定，严守政治纪律，政治鉴别力、政治敏锐性强。讲正气，就是要继承和发扬我们党在长期革命和建设事业中形成的好传统、好作风，坚持真理，坚持原则，坚持同一切歪风邪气和各种腐败现象作斗争。

在改革开放和发展社会主义市场经济的条件下，党中央坚持把党风廉政建设和反腐败斗争作为关系党和国家生死存亡的大事来抓。由于中国的经济体制、社会结构、利益格局和人的思想观念正在发生深刻变化，各种社会矛盾凸显，各方面体制机制还不完善，一些领域的腐败现象仍然易发多发，甚至呈现发展蔓延的趋势。

为保证党政领导干部做到廉洁自律，党中央先后作出一系列规定。到2002年，包括《关于实行党风廉政建设责任制的规定》和《关于加强和改进党的作风建设的决定》在内，全国省部级以上机关共制定党风廉政方面的党内法规及其他规范性文件2000余件。这些法律法规和规范性文件的制定和执行，为依法推动党风廉政建设和反腐败斗争提供了重要依据。

“讲学习、讲政治、讲正气”并非新生事物，而是我们党的优良传统。不论是在革命战争年代，还是在社会主义建设时期，毛泽东、邓小平等老一辈无产阶级革命家一贯倡导讲学习、讲政治、讲正气，不仅有很多精辟的论述，而且身体力行、率先垂范，成为全党学习的光辉典范。而在世纪之交重提“讲学习、讲政治、讲正气”，则为党和国家事业跨入新世纪做

好了思想和精神上的准备。

（三）立党之本、执政之基、力量之源

在推进中国特色社会主义伟大事业和党的建设新的伟大工程进程中，面对外部环境纷繁复杂、机遇与挑战并存、世界社会主义运动陷入低潮的国际局势，面对改革开放深入、社会主义市场经济发展、社会生活发生深刻变化、人民内部矛盾日趋复杂多样的社会现实，面对世纪之交中国共产党正进入整体性新老交替的重要时刻，一部分党员干部存在着思想僵化、信念动摇、组织涣散、作风漂浮甚至贪污腐败等问题，所以，进一步全面提高全党特别是党的干部队伍的素质，成为十分紧迫的任务。

以江泽民同志为主要代表的中国共产党人，高举毛泽东思想、邓小平理论伟大旗帜，坚持以发展着的马克思主义指导发展着的实践，准确把握时代特征，科学分析国内外形势和党所处的历史方位，深入思考面临的新情况新问题，形成许多新思想新观点，创立了以“中国共产党始终代表中国先进生产力的发展要求、中国先进文化的前进方向、中国最广大人民的根本利益”为核心内容的“三个代表”重要思想。中国共产党作为中国这样一个大国的执政党，只有通过加强自身建设，始终坚持“三个代表”重要思想以保持先进性，才能不断提高执政水平和领导水平，准确把握世界发展的新潮流、新趋势，抓住机遇，迎接挑战，化解风险，因势利导，更好地巩固、加强和发展我们的党，才能在激烈的国际竞争中始终立于不败之地。

“三个代表”重要思想，既坚持了马克思主义的基本原理，又反映了当代世界和中国的发展变化对党和国家工作的新要求，以新的思想、观点、论断，继承、丰富和发展了马克思列宁主义、毛泽东思想和邓小平理论，丰富和发展了中国特色社会主义理论体系，是加强和改进党的建设、推进

社会主义制度自我完善和发展的强大思想武器。"三个代表"重要思想是中国共产党的立党之本、执政之基、力量之源。

延伸阅读

1.《中共中央关于进一步治理整顿和深化改革的决定》(1989年11月9日中国共产党第十三届中央委员会第五次全体会议通过)。

2.《中共中央关于建立社会主义市场经济体制若干问题的决定》(1993年11月14日中国共产党第十四届中央委员会第三次全体会议通过)。

3.《中共中央关于国有企业改革和发展若干重大问题的决定》(1999年9月22日中国共产党第十五届中央委员会第四次全体会议通过)。

4.《关于在县级以上党政领导班子、领导干部中深入开展以"讲学习、讲政治、讲正气"为主要内容的党性党风教育的意见》(1998年11月21日中共中央印发)。

5.《中共中央关于加强和改进党的作风建设的决定》(2001年9月26日中国共产党第十五届中央委员会第六次全体会议通过)。

深度思考

1. 东欧剧变、苏联解体局面形成的根本原因是什么？在西方国家对社会主义制度一片唱衰、大力鼓吹"历史终结于资本主义"的论调时，为什么中国在坚持国家的社会主义性质不动摇的前提下，成功地将中国特色社会主义事业推向前进？

2. 改革开放后的中国为什么能够和平解决香港、澳门问题？

3. 在“科教兴国”战略的指引下，2016年8月，国家发布了“十三五”国家科技创新规划，提出了实现科技进步贡献率达到60%的目标。2019年1月8日，中共中央、国务院在北京隆重举行国家科学技术奖励大会，刘永坦、钱七虎获得2018年度国家最高科学技术奖。通过党和政府的一系列举措，如何理解“科教兴国”战略的重要性？如何在新的历史条件下推进这一重要战略？

◀ 第七章

科学发展：在新世纪坚持和发展中国特色社会主义

2002年11月8日，中国共产党第十六次全国代表大会在北京开幕，这是党在新世纪召开的第一次全国代表大会。党的十六大以后，以胡锦涛同志为主要代表的中国共产党人，团结带领全党全国各族人民，坚持以邓小平理论和“三个代表”重要思想为指导，根据新的发展要求，深刻认识和回答了新形势下实现什么样的发展、怎样发展等重大问题，形成了科学发展观，抓住重要战略机遇期，在全面建设小康社会进程中推进实践创新、理论创新、制度创新，强调坚持以人为本、全面协调可持续发展，形成中国特色社会主义事业总体布局，着力保障和改善民生，促进社会公平正义，推动建设和谐世界，推进党的执政能力建设和先进性建设，成功在新的历史起点上坚持和发展了中国特色社会主义。

一、全面建设小康社会纲领的制定

跨入新世纪，中国进入全面建设小康社会、加快推进社会主义现代化的发展新阶段。党的十六大高举邓小平理论伟大旗帜，全面贯彻“三个代表”重要思想，制定了全面建设小康社会的宏伟纲领。

（一）中央领导集体顺利实现新老交替

21 世纪是人类历史上前所未有的全球一体化极度发展的时期，经济全球化和世界多极化趋势在日益错综复杂的国际形势中曲折发展，世界各国通过欧盟、上海合作组织、亚太经合组织等地区性经济政治合作，对世界和平与发展的呼声日益高涨，而霸权主义和强权政治正在日益失去市场，各国在追求经济发展的过程中相互依存的程度越来越高。与此同时，中国社会也进入了一个新阶段，社会主义市场经济取得快速发展的同时在分配机制、城乡差距、东西差距方面暴露出越来越多的局限性，产业结构调整取得成绩的同时矛盾凸显，全方位、多层次、宽领域对外开放格局带来历史性机遇的同时也使国有企业直面世界市场提出的各种严峻考验，人民生活水平得到显著提高的同时更提出了对多元化需求和幸福富裕生活的更多追求。国际国内局势的发展变化也对中国共产党提出了新的更高要求。“新世纪中国向何处去？”是党的十六大必须回答的重大战略问题。

为了更好地回答举什么旗、走什么路、向着什么目标前进的重大问题，我们党必须始终保持一个坚强的领导核心。党的十六大着眼于党的兴旺发达和国家长治久安，顺利实现了中央领导集体的新老交替。大会选举产生了由委员 198 人、候补委员 158 人组成的中央委员会和由委员 121 人组成的中央纪律检查委员会。2002 年 11 月 15 日，党的十六届一中全会选举产生了新一届中央政治局和中央书记处，胡锦涛为中央委员会总书记。新一届中央委员会一个引人注目的特点是，中央委员会委员和候补委员全部是新中国成立后参加工作的同志。这个朝气蓬勃、充满活力的新的领导集体，为党的中央委员会增添了新鲜血液，充分说明我们党更加成熟，也充分反映了我们党的事业兴旺发达、后继有人。

（二）牢牢把握新世纪头二十年重要战略机遇期

党的十六大根据全面开创中国特色社会主义事业新局面的要求，作出新世纪头二十年是我国一个必须紧紧抓住并且可以大有作为的重要战略机遇期的重大判断，并从经济、政治、文化等方面勾画了全面建设小康社会的宏伟蓝图。

正是在这次大会上，全面建设小康社会的具体目标得以确定。党中央明确提出，在优化结构和提高效益的基础上，国内生产总值到 2020 年力争比 2000 年翻两番，综合国力和国际竞争力明显增强；社会主义民主更加完善，社会主义法制更加完备，依法治国基本方略得到全面落实，人民的政治、经济和文化权益得到切实尊重和保障；全民族的思想道德素质、科学文化素质和健康素质明显提高，形成比较完善的现代国民教育体系、科技和文化创新体系、全民健身和医疗卫生体系；可持续发展能力不断增强，生态环境得到改善，资源利用效率显著提高，促进人与自然的和谐相处，推动整个社会走上生产发展、生活富裕、生态良好的文明发展道路。

全面建设小康社会的目标，是中国特色社会主义经济、政治、文化全面发展的目标，是与加快推进现代化相统一的目标，符合我国国情和现代化建设的实际，大会还对经济建设和经济体制改革、政治建设和政治体制改革、文化建设和文化体制改革、国防和军队建设、“一国两制”和实现祖国的完全统一、对外工作等作出战略部署，为全面建设小康社会、加快推进社会主义现代化指明了方向。

（三）“三个代表”重要思想成为党的指导思想

“三个代表”重要思想是 2000 年 2 月江泽民在广东考察时提出来的，他说，总结我们党 70 多年的历史，可以得出一个重要的结论，这就是：我们党所以赢得人民的拥护，是因为我们党在革命、建设、改革的各个历史时期，总是代表着中国先进生产力的发展要求，代表着中国先进文化的前进方向，代表着中国最广大人民的根本利益，并通过制定正确的路线方针政策，为实现国家和人民的根本利益而不懈奋斗。随后，他在赴江苏、浙江、上海考察时进一步阐述了“三个代表”重要思想，并在 2001 年庆祝中国共产党成立 80 周年的时候，全面系统地阐述了“三个代表”重要思想的内涵，提出了按照“三个代表”重要思想加强和改进党的建设的要求。在深刻总结共产党 80 年奋斗历程经验教训的基础上，这一重要思想从历史唯物主义出发，深刻回答了在 21 世纪建设什么样的党和怎样建设党的问题，是对党的性质、宗旨和根本任务的新的概括，对在 21 世纪推进中国特色社会主义建设事业具有十分重要的意义。

作为党的十六大的灵魂和重要思想成果，“三个代表”重要思想同马克思列宁主义、毛泽东思想、邓小平理论一道，作为党必须长期坚持的指导思想写入党章。将“三个代表”重要思想确立为党的指导思想，同党的七大确立了毛泽东思想在全党的指导地位、党的十五大确立邓小平理论为党的指导思想一样，再一次实现了马克思主义与中国实践相结合的理论飞跃，将中国特色社会主义理论推向了新的发展阶段。

二、推动经济社会科学发展

党的十六大以后，党中央立足社会主义初级阶段基本国情和新的阶段性特征，科学分析国际国内形势的新变化，深刻把握我国发展面临的新课题新矛盾，在全面建设小康社会的进程中更加坚定地推动经济社会走上科学发展的道路。

（一）科学发展成为新的共识

党的十六大闭幕后不久，2002 年 12 月 5 日至 6 日，胡锦涛率领中央书记处的同志到河北省平山县西柏坡学习考察，要求结合新的实际坚持做到“两个务必”，首次提出“权为民所用，情为民所系，利为民所谋”的重要论断。胡锦涛的讲话在全党产生重大影响，为党在新世纪新阶段经受住新考验新挑战做了必要的思想准备。

新世纪新阶段，我国面临的发展机遇前所未有，面对的挑战也前所未有。按照党的十六大的部署，各地区各部门大力推进改革开放和社会主义现代化建设各项事业。恰在此时，2003 年一场突如其来的非典型性肺炎（以下简称“非典”）疫病席卷中国大地。面对来势汹汹的“非典”，党和政府领导全国人民团结一心，众志成城，采取了一系列行之有效的措施，最终控制了疫情的蔓延。然而，战胜“非典”并不等于取得了永久的胜利，党和政府开始对影响经济社会发展的突出矛盾和问题进行深入思考：如何使经济发展和社会发展、城市发展和农村发展、区域发展相协调？如何弥补公共卫生体系缺陷、促进公共卫生事业发展？如何提高处理和管理危机能力、健全突发事件应急机制？问题的关键，是要解决实现什么样的发展、怎样发展的问题。党中央正确判断我国发展的阶段性特征，强调要解决中国的发展问题，必须牢固树立和认真落实科学发展观。2003 年 10 月，党的十六届三中全会通过的《关于完善社会主义市场经济体制若干问题的决定》，第一次在党的正式文件中完整地提出了科学发展观，要求“坚持以人为本，树立全面、协调、可持续的发展观，促进经济社会和人的全面发展”，科学发展观作为一个重大战略思想已经初步形成。

（二）经济发展需要又好又快

自党的十四大确立建立起社会主义市场经济体制的宏伟目标后，我国历经十多年的奋斗探索，初步建立起社会主义市场经济体制，极大地促进了社会生产力的发展。但是，经济生活中还存在结构不合理、分配关系尚未理顺、农民收入增长缓慢、就业矛盾突出、资源环境压力加大、经济整体竞争力不强等问题，还需要通过进一步改革和完善体制机制加以解决。

根据党的十六大提出的完善社会主义市场经济体制的部署，党的十六届三中全会对这一任务进行了细化和明确。完善社会主义市场经济体制的任务，在新的目标下开始进行：完善公有制为主体、多种所有制经济共同发展的基本经济制度；建立有利于逐步改变城乡二元经济结构的体制；形成促进区域经济协调发展的机制；建设统一开放竞争有序的现代市场体系；完善宏观调控体系、行政管理体制和经济法律制度；健全就业、收入分配和社会保障制度；建立促进经济社会可持续发展的机制。除此之外，中央还在坚持和完善基本经济制度、深化国有企业改革、完善农村经济体制、健全市场体系和改善宏观调控、推进财税和金融体制改革、深化涉外经济体制改革、深化就业和分配体制改革及完善社会保障体系、深化科技教育文化卫生体制改革、深化行政管理体制改革和完善经济法律制度、加强和改善党的领导等方面作出具体部署。

在科学发展观的指导下，党的十六届六中全会和中央经济工作会都提出了促进经济“又好又快发展”的新要求。“又好又快发展”，既要保持经济平稳较快增长，防止大起大落，又要坚持好中求快，注重优化结构，努力提高质量和效益，指导经济发展的方针从“又快又好”到“又好又快”，虽然只是“好”与“快”顺序的调整，却体现了科学发展观的本质要求。

（三）构建社会主义和谐社会

实现社会和谐和人的全面自由发展，不仅是马克思主义创始人的最高理想，更是人类一直以来孜孜以求的社会理想，是一个长期的永无止境的目标。党中央继提出科学发展观重大战略思想之后，又从中国特色社会主义事业总体布局和全面建设小康社会的全局出发，提出建设社会主义和谐社会的重大战略目标。党的十六大报告第一次将"社会更加和谐"作为重要目标提出，指出："我们要在本世纪头二十年，集中力量，全面建设惠及十几亿人口的更高水平的小康社会，使经济更加发展、民主更加健全、科教更加进步、文化更加繁荣、社会更加和谐、人民生活更加殷实。"①

党中央将和谐社会作为重大战略目标加以推进，是在我国对内加快工业化、城镇化，对外迎接经济全球化的挑战的背景下，在国家经济社会生活出现经济成分、组织形式、就业方式、利益关系和分配方式日益多样化的背景下提出来的。我们所要建设的社会主义和谐社会，应该是民主法治、公平正义、诚信友爱、充满活力、安定有序、人与自然和谐相处的社会。

构建社会主义和谐社会重大战略目标的提出，使中国特色社会主义事业的总体布局由经济建设、政治建设、文化建设"三位一体"发展为经济建设、政治建设、文化建设、社会建设"四位一体"。

（四）促进区域、城乡协调发展

区域、城乡发展不平衡，是制约我国经济社会发展的突出问题。党的十六大以来，党中央对统筹区域、城乡协调发展作出新的决策部署。

西部大开发战略在世纪之交实施后，党中央着眼于实现区域协调发展，

① 江泽民：《全面建设小康社会，开创中国特色社会主义事业新局面》，《十六大以来重要文献选编》（上），中央文献出版社 2011 年版，第 14 页。

相继作出振兴东北地区等老工业基地、促进中部地区崛起等重大决策，以解决东北地区和中部地区发展相对滞后的问题。随着这些发展战略的实施，区域协调发展取得明显成效。中西部地区、东北地区均呈现加速发展态势。

知识链接

社会主义新农村

社会主义新农村这一概念，早在20世纪50年代就提出过。20世纪80年代初，国家将建设社会主义新农村作为“小康社会”的重要内容之一。党的十六大明确提出统筹城乡经济社会发展，这也是推动科学发展、促进社会和谐的一个重要方面。党的十六届五中全会提出的建设“社会主义新农村”，则是在新的历史背景中，在全新理念指导下的一次农村综合变革的新起点，极大地促进了农村的发展和建设。2004年农民增收6.8%、粮食增产9%之后，国家又出台了进一步促进粮食稳定增产、农民持续增收的政策，如加大农业税、农业特产税的减免力度，着力建立为农民减负的长效机制。随着农村经济发展，党和政府还采取一系列重大措施，切实减轻农民负担。2005年10月，党的十六届五中全会明确提出建设社会主义新农村的重大战略任务，并很快开始对社会主义新农村建设作了部署。同年12月29日，第十届全国人大常委会第十九次会议决定废止《中华人民共和国农业税条例》。这一重大决策，让无数农民激动万分。

在采取措施增加农民收入、减轻农民负担的基础上，国家以解决制度缺失为重点，按照广覆盖、保基本、多层次、可持续的原则，积极构建我国农村社会保障制度基本框架。以农村最低生活保障、新型农村合作医疗、新型农村社会养老保险、农村五保供养等为主要内容的农村社会保障体系逐步形成，被征地农民社会保障、农民工工伤和医疗等社会保险逐步健全，改变了农村无社保的局面形势。

（五）在经济全球化背景下制定实施五年计划

世纪之交，中国经济社会发展迎来了21世纪的第一个五年计划——“十五”计划，其实施过程同样面临国内与国外双重复杂环境、机遇与挑战并存的复杂局面。

国际上，经济全球化为中国进一步融入世界经济体系、深化改革开放提供了难得的机遇，世界贸易组织推行的市场经济运行体制有利于我国加快市场化改革进程，全球性的资源配置有利于国内经济结构的调整和优化，促进产业升级。随着中国经济与国际逐步接轨，中国经济面临越来越严峻的挑战，控制扩大开放可能带来的经济风险、加强金融监管保障金融安全、改革政府管理体制，使之更好地与世界接轨都成为需要解决的新问题。

在国内，虽然市场经济体制已经基本建立，但是随着市场在资源配置中逐步发挥主导作用，由此而带来的对公平与效率的取舍成为影响经济社会可持续发展的重要因素。其中，城乡居民收入差距不断扩大，地区间居民收入差距明显扩大，行业间收入差距，尤其是竞争性行业与垄断性行业居民收入差距的日益扩大等问题，都成为必须应对的挑战。经济效益较低、经济发展结构不平衡等问题都成为进一步推动全面建设小康社会的现实阻碍。如何把握住改革开放带来的契机，推动经济、社会、科学可持续发展成为新时代的新挑战。

在这些挑战面前，有些人怀疑中国在经历20多年的快速发展之后还能否持续快速发展，有些人甚至预言中国经济即将崩溃。然而，在党中央、国务院领导下，经过全国人民的努力，我国经济继续保持快速发展势头，用无可争辩的事实证明：中国经济不仅没有崩溃，而且成为全球经济发展的重要支撑和引擎。

“十五”计划的五年，是在风浪中奋勇前行的不平凡的五年。我国摆脱亚洲金融危机带来的冲击后，又成功战胜“非典”疫情和重大自然灾害，不失时机地推进改革开放，加强和改善宏观调控，保持了经济平稳较快发展，社会生产力、综合国力都迈上一个新台阶。五年间，国内生产总值增长 59.3%，年均增长 9.8%，由居世界第六位上升为第四位。

乘风破浪中，“十一五”规划纲要出台，确定的目标、任务和政策措施既与全面建设小康社会的目标相衔接，又反映了经济社会发展的客观要求和阶段性特征。“十一五”规划还第一次将延续 50 多年的“计划”改为“规划”，这一字之差体现了社会主义市场经济条件下中长期规划的功能定位，反映了我国发展理念、经济体制、政府职能的重大变革。

三、全面建设小康社会的新部署

党的十六大以后，面对复杂多变的国际形势和国内艰巨复杂的改革发展稳定任务，党中央团结带领全党全国各族人民开拓了马克思主义中国化新境界，开创了中国特色社会主义事业新局面。党的十七大在新的历史起点上，提出实现全面建设小康社会奋斗目标的新要求，从思想上、政治上、组织上为夺取全面建设小康社会新胜利、不断开创中国特色社会主义事业新局面提供了根本保证。

（一）科学概括中国特色社会主义理论体系

根据我国社会主义现代化建设“三步走”的总体战略部署，从新世纪开始到2050年，我国将实现第三步战略目标，达到中等发达国家水平，基本实现现代化，成为富强民主文明和谐的社会主义现代化国家。党的十六大将21世纪前二十年作为重要战略机遇期，要求全党和全国人民集中力量，全面建设惠及十几亿人口的更高水平的小康社会。这二十年，既是实现现代化建设第三步战略目标必经的承上启下的发展阶段，也是完善社会主义市场经济体制和扩大对外开放的关键阶段。在这个阶段，我国将实现人均国内生产总值从1000美元到3000美元的历史性跨越。从世界上一些国家的发展经验看，这既是一个发展机遇期，也是一个矛盾凸显期。如果我们应对得当，就能促进经济社会持续发展；如果举措失当，就会影响经济发展步伐，影响改革发展稳定大局。党的十六大以来，我们已经朝着全面建设小康社会的目标迈出了坚实步伐。但要确保到2020年全面建成小康社会，还必须继续努力奋斗。在这个全面建设小康社会的关键时期，党的十七大召开了。

高举中国特色社会主义伟大旗帜，以邓小平理论和“三个代表”重要思想为指导，深入贯彻落实科学发展观，继续解放思想，坚持改革开放，推动科学发展，促进社会和谐，为夺取全面建设小康社会新胜利而奋斗，是党的十七大的主题。确定这样的主题，就是要鲜明地向党内外、国内外宣示，我们党将举什么旗、走什么路、以什么样的精神状态、朝着什么样的发展目标继续前进，这对我们党和国家事业的继往开来、开拓奋进十分紧要。

党的十七大报告指出，中国特色社会主义道路，就是在中国共产党领导下，立足基本国情，以经济建设为中心，坚持四项基本原则，坚持改革开放，解放和发展社会生产力，巩固和完善社会主义制度，建设社会主义市场经济、社会主义民主政治、社会主义先进文化、社会主义和谐社会，建设富强民主文明和谐的社会主义现代化国家。一幅新的时代条件下继续全面建设小康社会、加快推进社会主义现代化的宏伟蓝图徐徐展开，为我们继续推动党和国家事业的发展指明了前进方向。

（二）作出全面建设小康社会的新部署

早在 2002 年，党的十六大报告就提出，从 2001 年到 2020 年，用 20 年的时间，全面建设惠及十几亿人口的更高水平的小康社会，这是实现现代化建设第三步战略目标必经的承上启下的阶段，也是完善社会主义市场经济体制和扩大对外开放的关键阶段。

党的十七大报告又进一步提出到 2020 年全面建设小康社会的新要求，从而有了更加清晰完整的 2020 年宏伟蓝图。

在深刻分析国际国内形势发展变化和新世纪新阶段我国发展一系列新的阶段性特征的基础上，党的十七大对实现全面建设小康社会的宏伟目标作出全面部署，提出更高要求。这就是：增强发展协调性，努力实现经济又好又快发展；扩大社会主义民主，更好保障人民权益和社会公平正义；加强文化建设，明显提高全民族文明素质；加快发展社会事业，全面改善人民生活；建设生态文明，基本形成节约能源资源和保护生态环境的产业结构、增长方式、消费模式。

大会对以改革创新精神全面推进党的建设新的伟大工程提出明确要求，并对促进国民经济又好又快发展、发展社会主义民主政治、推动社会主义文化大发展大繁荣、加快推进以改善民生为重点的社会建设、开创国防和军队现代化建设新局面、推进“一国两制”实践和祖国和平统一大业、始终不渝走和平发展道路等方面的工作作出全面部署。

（三）中国特色社会主义理论体系新概括

创造性地提出并深刻阐述中国特色社会主义理论体系，将科学发展观写入党章，是党的十七大的重大理论贡献。党的十七大对中国特色社会主义理论体系作了概括，强调指出，这个理论体系，坚持和发展了马克思列宁主义、毛泽东思想，凝结了几代中国共产党人带领人民不懈探索实践的智慧和心血，是马克思主义中国化最新成果，是党最可宝贵的政治和精神财富，是全国各族人民团结奋斗的共同思想基础。

经过新中国成立以来特别是改革开放以来的不懈努力，我国取得了举世瞩目的发展成就，从生产力到生产关系、从经济基础到上层建筑都发生了意义深远的重大变化。科学发展观是立足社会主义初级阶段基本国情、总结我国发展实践、借鉴国外发展经验、适应新的发展要求提出来的，是马克思主义关于发展的世界观和方法论的集中体现。认清社会主义初级阶段基本国情，正是要科学分析我国全面参与经济全球化的新机遇、新挑战，全面认识工业化、信息化、城镇化、市场化、国际化深入发展的新形势、新任务，深刻把握我国发展面临的新课题、新矛盾，更加自觉地走科学发展道路，奋力开拓中国特色社会主义更为广阔的发展前景。

作为同马克思列宁主义、毛泽东思想、邓小平理论和“三个代表”重要思想既一脉相承又与时俱进的科学理论，作为我国经济社会发展的重要指导方针，作为发展中国特色社会主义必须坚持和贯彻的重大战略思想，科学发展观这一理论成果被写入了党章，与邓小平理论、“三个代表”重要思想等重大战略思想统一于中国特色社会主义理论体系，充分体现了党对中国特色社会主义发展规律认识的深化，对于坚持和发展中国特色社会主义具有重大而深远的意义。

毫无疑问，党的十七大所完成的重大使命、所作出的重大决策、所采取的重大举措，都是关系我们党和国家事业发展全局的，对统一全党思想、凝聚各方面力量、团结带领全国各族人民夺取全面建设小康社会新胜利、开创中国特色社会主义事业新局面必将产生重大而深远的指导作用。

四、夺取全面建设小康社会新胜利

（一）平稳度过国际金融危机

2008 年，起源于美国的次贷危机逐渐演化成一场全球性的金融危机，并且迅速由金融领域扩散到实体经济领域，由美国扩散到世界主要经济体，其来势之猛、扩散之快、影响之深，实属罕见。受国际金融危机严重冲击，我国经济社会发展遇到严重困难，对外贸易出口困难，有效需求不足矛盾凸显，经济增长下行压力加大。

全球金融危机爆发后，党中央密切关注危机的发展态势，特别是可能对我国经济发展带来的风险和产生的冲击，一再强调树立忧患意识，做好应对危机的预案。通过宽松的货币政策和财政政策，我国在世界上率先实现经济回升向好。从 2009 年第二季度起，我国经济止跌回升，全年经济增长 9.2%。

应对国际金融危机的过程，也是深化改革、扩大开放的过程。党中央强调要始终坚持推动发展和深化改革相结合，通过不断推进改革，既从制度上更好发挥市场在资源配置中的基础性作用，又形成有利于科学发展的宏观调控体系，为经济社会发展提供强大动力和制度保障。在此期间，新型工业化道路探索不断取得新进展，经济体制改革在重点领域和关键环节继续实现新突破。

（二）在应对各种挑战中实现发展

“十一五”期间，在党中央、国务院坚强领导下，我国化解了难事、办好了喜事、办成了大事，充分发挥了社会主义制度的优越性。

2008年5月12日，四川省汶川县发生里氏8.0级特大地震，造成6.92万余人遇难，1.79万余人失踪。在党中央、国务院、中央军委领导下，我国迅速组织起历史上救援速度最快、动员范围最广、投入力量最多的抗震救灾活动。党中央果断决策、沉着应对，全国人民万众一心、众志成城，人民子弟兵舍生忘死、冲锋在前，涌现出无数感天动地、可歌可泣的英雄事迹，一方有难、八方支援、集中力量办大事的体制优势得到充分发挥。

2008年至2010年，党和政府还带领人民取得抗击南方雨雪冰冻极端天气、青海玉树强烈地震和甘肃舟曲特大泥石流等严重自然灾害以及恢复重建的胜利；依法坚决平息和妥善处理了拉萨、乌鲁木齐等地严重打砸抢烧事件，坚决打击了暴力恐怖势力、民族分裂势力和宗教极端势力的破坏活动，维护了民族团结和社会稳定。成功应对各种困难和风险挑战，表明我国已拥有雄厚的物质基础，体现出党和政府强大的动员组织能力，显示了中国人民在艰难险阻面前坚强不屈、团结互助的伟大力量。

在成功应对各种挑战的同时，我国改革开放不断深化，现代化建设顺利推进。经济平稳较快发展，国民经济迈上新台阶，胜利完成了“十一五”规划确定的主要目标和任务。国内生产总值年均增长11.3%；2010年，国内生产总值超过40万亿元，经济总量由2005年的世界第五位跃升至第二位，先后超过德国和日本，成为仅次于美国的世界第二大经济体。

“十一五”期间，我国还办了许多喜事。中华民族的百年奥运梦想终得实现；2008年8月8日，以“同一个世界、同一个梦想”为口号的第二十九届夏季奥运会在北京开幕；随后，第十三届残疾人奥运会也在北京举行。而作为中国首次举办的世界博览会，2010 年上海世博会也在参展规模、志愿者人数、场馆建设、网上世博等方面创造了多个世界之最。

（三）社会主义民主政治建设稳步推进

按照唯物主义辩证法的观点，公平与正义都是相对的，正是因为人们在社会生活中由于个体、种族、群体、地域、资源、环境、职业、文化等方面的千差万别，才会衍生出不公平、非正义的社会现实，也正因为如此，公平和正义才成为人们始终追求的目标。特别是在和平与发展成为世界主题的今天，公平与正义成为全世界各民族和所有国家共同追求的价值目标。社会生产力的高度发展和人类解放是共产主义的本质特征。在向共产主义不断前进的过程中，发展民主、健全法制是社会主义制度的内在要求。构建和谐社会，最重要的是加强民主法治建设，促进社会公平正义。

发展社会主义民主政治是我们党始终不渝的奋斗目标。进入新世纪，随着改革开放深化和经济社会发展，我国社会主义民主政治展现出更加旺盛的生命力。社会主义愈发展，民主也愈发展。我们不断扩大人民民主，保证人民当家作主；我们发展基层民主，保障人民享有更多更切实的民主权利；我们全面落实依法治国基本方略，加快建设社会主义法治国家；我们巩固壮大爱国统一战线，团结一切可以团结的力量；我们加快行政管理体制改革，建设服务型政府；我们完善制约和监督机制，保证将人民赋予的权力始终用来为人民谋利益。党中央坚持把党的领导、人民当家作主和依法治国统一起来，坚持走中国特色社会主义政治发展道路，始终把民主法治建设和政治体制改革摆在改革发展全局的重要位置加以推进，并取得重大进展。

（四）社会主义文化大发展大繁荣

进入 21 世纪，在推动经济社会发展的同时，党顺应形势发展变化和人民群众精神文化需求，正确认识和准确把握我国文化改革发展的特点和规律，作出建设社会主义文化强国的重大战略决策，提出一系列指导文化建设的方针政策，推动中国特色社会主义文化建设不断向前迈进。

在努力完成党的十六大提出的文化建设和文化体制改革战略任务的基础上，党的十七大强调，中华民族伟大复兴必然伴随着中华文化繁荣兴盛，要更加自觉、更加主动地推动文化大发展大繁荣，提高国家文化软实力。2011 年 10 月，党的十七届六中全会作出了深化文化体制改革、推动社会主义文化大发展大繁荣的重要决定，提出了坚持中国特色社会主义文化发展道路、努力建设社会主义文化强国的战略任务，明确了新形势下推进文化改革发展的指导思想、重要方针、目标任务、政策举措。

沿着社会主义先进文化的正确方向，一系列目标明确、实施有力的方针政策掀起了社会主义文化建设新高潮，全民族文化创造活力得到激发，丰富精神文化生活越来越成为我国人民的热切愿望。这五年，社会主义意识形态的吸引力和凝聚力大大增强；新闻出版、广播影视、文学艺术事业坚持正确导向，全面建设和谐文化，弘扬社会正气；中华优秀传统文化教育深入人心，对外文化交流频繁，中国风令世界为之倾倒；解放和发展文化生产力，百花齐放、百家争鸣的文化创新局面形成。通过不懈奋斗，我们国家的文化软实力显著提高，人民基本文化权益得到更好保障，社会文化生活更加丰富多彩，人民精神风貌更加昂扬向上，我国文化建设进入新的发展阶段。

（五）以改善民生为重点的社会建设不断加快

社会建设与人民幸福安康息息相关。在经济发展基础上逐步提高人民物质文化生活水平，是改革开放和社会主义现代化建设的根本目的。党秉持发展为了人民、发展依靠人民、发展成果由人民共享的理念，着力解决经济社会发展“一条腿长、一条腿短”的问题，在发展经济的同时，在发展教育、促进就业、合理分配、社会保障、医疗卫生、维护稳定等方方面面切实保障和改善民生，推进和谐社会建设。

在受到人民群众广泛关切的教育领域，党的教育方针得到全面贯彻，大批社会主义建设者和接班人德智体美全面发展；通过促进义务教育均衡发展、加快普及高中教育、大力发展职业教育，教育结构得到不断优化；学前教育、特殊教育、贫困地区和民族地区教育、远程教育和继续教育等多种教育形式都在党中央的关怀下取得了长足进步，更多经济困难的打工子弟得到了平等的教育机会。

在对于改善民生有重要意义的就业领域，积极的就业政策得到实施，政府加强对就业市场的引导，使就业规模不断扩大，就业结构得到改善；自主创业、自谋职业政策纷纷出台，更多劳动者成为创业者，极大地带动了就业；职业教育培训制度面向全体劳动者，大量农村富余劳动力转移就业；统一规范人力资源市场的建立，使城乡劳动者平等就业；大批困难群众获得就业援助，很多零就业家庭在政府的帮助下解决了就业困难。

在体现社会公平的收入分配领域，效率与公平得到兼顾，收入分配制度改革不断深化，城乡居民收入持续增加；居民收入在国民收入分配中所占的比重和劳动报酬在初次分配中所占的比重逐步提高；更多普通群众拥有了财产性收入，向着更加美好的生活奋斗。

在维持社会安定的社会保障领域，覆盖城乡居民的社会保障体系加快建设，企业、机关、事业单位基本养老保险制度改革加快推进，城镇职工基本医疗保险、城镇居民基本医疗保险、新型农村合作医疗制度建设齐头并进，城乡居民最低生活保障水平得到提高，更多人能够享受失业、工伤、生育保险；社会救助体系不断健全，优抚安置工作、残疾人事业、老龄工作、防灾减灾工作、廉租住房制度的不断完善惠及更广大的人民群众。

在提高全民健康水平方面，国家着力坚持公共医疗卫生的公益性质，坚持预防为主、以农村为重点、中西医并重，越来越多的城市和地区实现了政事分开、管办分开、医药分开、营利性和非营利性分开，帮助更多的老百姓解决了看病难、看病贵的问题；在不断强化的投入力度下，安全、有效、方便、价廉的医疗卫生服务在广大城乡铺开；以完善相关法律法规、健全监管体系、加大科技投入等措施为基础，我国的食品药品安全有了更多保障；全国许多城市和农村开展了大规模除“四害”讲卫生活动，为人民健康和美丽中国建设奠定了基础。

在完善社会管理、维护社会安定团结方面，党委领导、政府负责、社会协同、公众参与的社会管理格局不断加强，社会创造活力不断激发，和谐因素不断增加，人民内部矛盾得到妥善处理；社会组织、流动人口、安全生产、突发事件、治安防控等工作都得到有效促进，有力保障了人民生命财产安全和社会稳定；全体人民团结一致、坚决抵制各种分裂、渗透、颠覆图谋，共同维护国家安全。

（六）寻找人与自然和谐发展的平衡点

人始终生活在自然之中，人与自然的交集从未间断。人类文明史其实就是一部人与自然关系发展的历史。自工业革命以来，人类通过机器使劳动生产力得到极大的提高，近代以来的新技术革命更使社会生产力在飞跃中发展，人对自然的开发和利用也随即到了前所未有的程度，其短时间内发展的速度和规模甚至能超越人类祖先几百万年生产能力的总和。伴随高度物质文明而来的，则是人口数量的急剧增长、对自然资源的极限利用和生态环境的严重恶化，人类也不得不重新审视经济与社会的发展模式，世界各国都开始寻找人与自然和谐相处之道。

建设生态文明，是关系人民福祉、关乎民族未来的长远大计。党的十七大首次明确提出了建设生态文明的战略任务，把“生态文明”作为全面建设小康社会目标的新要求，彰显出中国共产党推进科学发展观、构建社会主义和谐社会的执政新思维。之后，党中央又清晰界定了建设生态文明的具体内涵，同时还有力探索了生态文明建设与经济建设、政治建设、文化建设、社会建设的关系，赋予了生态文明建设与其他建设在全面建设小康社会进程中同等重要的地位，为党的十八大提出中国特色社会主义“五位一体”总体布局和生态文明建设思想的成熟完善提供了良好前提。倡导生态文明建设，不仅对中国自身发展有深远影响，也是中华民族面对全球日益严峻的生态环境问题作出的庄严承诺。

（七）转变增长方式，实现质的提高

新世纪开始的 10 年，我们经受住国际金融危机、汶川特大地震等一系列严峻考验，顶住通货膨胀、人民币升值的巨大压力，保持了经济平稳较快发展，GDP 实现跨越式大发展，人民生活不断改善；我国成功举办了北京奥运会和上海世博会，引聚了世界各国热切的目光，大大提升了国际形象；“十一五”规划各项建设目标成功完成，经济社会快速发展，我国的经济总量超越意、法、英、德、日等国，跃升为世界第二大经济体，中国的经济奇迹举世瞩目。我国成功抓住并利用重要战略期，促进经济社会发展，取得举世瞩目的成就，国家面貌发生历史性变化。

进入新世纪第二个十年，虽然我国处于和平发展的国际环境中，但国

际金融危机的纵深影响、世界经济增长速度减缓、全球需求结构出现明显变化、国际竞争更加激烈等因素的存在，使我国发展的外部环境更趋复杂；与此同时，我们自身发展的不平衡、不协调、不可持续问题依然突出。能不能坚持以更广阔的视野统筹国内国际两个大局，沉着应对，继续抓住并用好战略机遇期，把握好在全球经济分工中的新定位，积极创造参与国际经济合作和竞争新优势，“十二五”时期无疑处于十分关键的地位。

2010 年 10 月，党的十七届五中全会审议通过《中共中央关于制定国民经济和社会发展第十二个五年规划的建议》，对在新的历史起点上向着全面建设小康社会目标继续前进作出全面部署。经济奇迹的出现没有使我们党迷失方向，我们党清醒地认识到，我国仍处于社会主义初级阶段，仍然属于发展中国家，这成为党和国家制定“十二五”规划的基本出发点。2011 年，十一届全国人大四次会议在北京举行，“十二五”规划纲要草案放在了近 3000 名全国人大代表和列席会议的 2000 多名全国政协委员的面前。沿着科学发展的主题和加快转变经济发展方式的主线，我们掀开了科学发展的新篇章。

五、树立起新世纪的大国形象

（一）履行新世纪新阶段军队历史使命

新世纪的最初十年同样是军队和国防建设取得巨大发展的十年。党中央准确把握新世纪新阶段对国防和军队建设提出的新要求，深刻揭示军队力量建设与运用应遵循的基本指导规律，推进党的军事指导理论创新发展，形成了胡锦涛国防和军队建设思想。党的十七大报告指出，开创国防和军队现代化建设新局面，必须站在国家安全和发展战略全局的高度，统筹经济建设和国防建设，在全面建设小康社会进程中实现富国和强军的统一。

在中央军委正确领导下，人民解放军按照全面加强、协调推进军队革命化、现代化、正规化建设的总体要求，牢牢把握和平与发展的时代主题，紧随世界军事变革趋势，着眼国家安全利益，以推进军队现代化建设为核心，锐意改革，开拓奋进，国防事业和人民军队建设取得了举世瞩目的辉煌成就，走出了一条中国特色军民融合式发展路子。当代革命军人牢固树立起“忠诚于党、热爱人民、报效国家、献身使命、崇尚荣誉”的核心价值观，大力发展先进军事文化，思想政治建设在适应新形势的同时取得了新发展；在复杂多变的国际局势和世界军事发展中，我们党的军事理论在实践中不断创新，给新世纪军队建设提供了根本遵循；为了应对世界军事信息化的主流趋势，科技强军战略得到有力实施，新一代信息传输网络陆续建成，军事信息系统取得新的突破，不断成长的信息化军队战斗力倍增；军队和国防建设各项工作坚持从实践需要出发，从难从严训练部队，战场设施及配套装备不断升级，为打赢现代战争奠定了坚实基础；以“精兵、合成、高效”为目标，军队组织形态更加现代化，在军民融合式发展之路上作出了有效尝试，具有我军特色的新型体制编制开始建立。我军在军事、政治、后勤、装备各领域建设取得了一系列巨大进步，有效履行了党和人民赋予的历史使命。

（二）始终不渝走和平发展道路

21 世纪是世界格局大变革大调整的世纪，在和平与发展的时代主题下，随着经济全球化深入发展、科技革命加速推进、各国相互依存日益紧密，世界多极化趋势已经不可逆转，求和平、谋发展、促合作已经成为不可阻挡的时代潮流，中国的前途命运日益紧密地同世界的前途命运联系在一起。

进入新世纪，党对当今世界正处于大发展大变革大调整的时代特点作出科学判断，准确把握中国与世界联系日益紧密的发展趋势，顺应世界时代潮流，不管国际风云如何变幻，始终不渝走和平发展道路，在遵循联合国宪章宗旨和原则、恪守国际法和公认的国际关系准则的基础上，与世界各国在政治上相互尊重、平等协商，经济上相互合作、优势互补，文化上相互借鉴、求同存异，安全上相互信任、加强合作，环保上相互帮助、协力推进，携手共创和平发展的和谐世界。

在和平与发展的主流之中，世界仍然很不安宁，霸权主义和强权政治依然存在，局部冲突和热点问题此起彼伏，全球经济失衡加剧，南北差距拉大，传统安全威胁和非传统安全威胁相互交织，世界和平与发展面临诸多难题和挑战。中国始终是维护世界和平的坚定力量，在处理国际事务的过程中，我们致力于和平解决国际争端和热点问题，尊重各国人民自主选择发展道路的权利，不干涉别国内部事务；不搞军备竞赛，不对任何国家构成军事威胁。作为一个不断崛起的东方大国，中国庄严宣布，永远不称霸，永远不搞扩张。

在不断崛起的过程中，中国打破“国强必霸”的大国崛起传统模式，始终坚定不移地走和平发展道路，这是基于中国国情的必然选择，是基于中国历史文化传统的必然选择，是基于我们党的基本理论和基本经验的必然选择，是基于当今世界发展潮流的必然选择。这条和平发展道路，是一条切合中国实际的社会主义发展道路，是一条与世界潮流共同发展的道路，是一条有利于世界和平发展的道路，也是一条循序渐进的发展之路。对于世界历史而言，中国的和平发展道路可谓一大创举。随着时间的推移，这条道路已经并将不断显示出其世界意义。

（三）推动两岸关系和平发展

香港、澳门回归祖国之后，如何保持香港、澳门长期繁荣稳定，是党在新形势下治国理政面临的重大课题。经过十余年的发展，“一国两制”、“港人治港”、“澳人治澳”、高度自治的方针得到充分贯彻，特别行政区政府依法施政，各界人士和衷共济，共同努力发展经济、改善民生、推进民主；内地与香港、澳门交流合作更加频繁，实现优势互补、共同发展；在中央政府的支持下，香港、澳门积极开展对外交往；在全体香港、澳门同胞的共同努力下，特别行政区社会稳定，经济繁荣，民主有序发展，民众安居乐业，为国家现代化建设发挥重要作用。

实践已经成功验证，“一国两制”方针是完全正确的，具有强大的生命力。继续按照“一国两制”方针，解决台湾问题，使祖国和平统一大业最终实现，既符合中华民族的根本利益，也是全体中国人的共同期盼。

在“和平统一、一国两制”方针的指引下，中共中央根据海峡两岸关系和台湾形势的变化，在原有政策基础上又提出推动两岸关系和平发展的主张，开创两岸关系和平发展新局面，推动两岸关系取得新发展。2008 年 12 月 15 日，两岸海空直航及直接通邮的两岸“大三通”全面启动，台湾与大陆之间真正迈入一日生活圈，两岸全方位交往格局成形，为两岸带来新的机会、新的希望。2010 年，在经过多次真诚谈判和富有成效的沟通之后，《海峡两岸经济合作框架协议》正式签订，新的经贸机制给两岸经济互动提供更加具体的方向和可供遵循的轨迹，并开启了台湾进入区域经济整合的道路。

在两岸人民同心共向祖国统一的同时，“台独”分裂势力也加紧分裂活动，严重危害两岸关系和平发展。党的十七大报告强调，绝不允许任何人以任何名义任何方式把台湾从祖国分割出去。中国共产党在以最大诚意促进国家和平统一的同时，更以坚决态度抵制西方国家分裂中国的图谋，以坚决态度遏制“台独”分子分裂祖国的行径。实践已经证明，期盼社会安定、经济振兴、两岸关系和平稳定发展是海峡两岸人民的共同心愿。海峡两岸统一是中华民族走向伟大复兴的历史必然。海内外中华儿女紧密团结、共同奋斗，祖国完全统一就一定能够实现。

六、以执政能力建设和先进性建设为主线推进党的建设

党的十七大以来，面对世情、国情、党情的深刻变化，党坚持以执政能力建设和先进性建设为主线，紧密结合治国理政实践，全面推进党的建设新的伟大工程，全面推进党的思想建设、组织建设、作风建设、制度建设和反腐倡廉建设，党的各项建设都实现了创新发展，党的建设科学化水平不断提升，党的领导核心作用进一步加强，为全面建设小康社会、开创中国特色社会主义事业新局面提供了坚强保证。

（一）加强党的执政能力建设

中国共产党成为执政党，这是历史的选择，也是人民的选择。执政能力建设是党执政后的一项根本建设，这是由执政党的地位决定的，更反映了时代呼唤和人民要求。经过半个多世纪，党带领全国各族人民战胜各种风险和挑战，把四分五裂、贫穷落后的中国建设成为人民生活总体上达到小康水平、蓬勃发展的新中国，取得了举世瞩目的成就。党的执政能力，亦无愧于党所肩负的重任和使命。

在新世纪新阶段，国际形势发生深刻变化，我国改革发展处在关键时期，新情况新问题层出不穷。面对新形势新任务，党在领导方式和执政方式、领导体制和工作机制方面还有许多不完善的地方：一些领导干部和领导班子思想理论水平不高，依法执政能力不强，解决复杂矛盾本领不大，素质和能力同全面建设小康社会的要求还不适应；一些党员干部事业心和责任感不强、思想作风不端正、工作作风不扎实、脱离群众等问题比较突出；一些党的基层组织软弱涣散，一些党员不能发挥先锋模范作用；腐败现象在一些地方、部门和单位还比较严重。这些问题影响党的执政成效，引起了党中央的高度重视。在机遇和挑战并存的国内外条件下，党要带领全国各族人民全面建设小康社会、加快推进社会主义现代化，必须加强执政能力建设。

2011 年，胡锦涛在建党 90 周年讲话中第一次较为系统地概括了执政党面临的“四大考验”和“四种危险”。他说，执政考验、改革开放考验、市场经济考验、外部环境考验是长期的、复杂的、严峻的。精神懈怠的危险，能力不足的危险，脱离群众的危险，消极腐败的危险，更加尖锐地摆在全党面前，落实党要管党、从严治党的任务比以往任何时候都更为繁重、更为紧迫。执政能力建设是党执政后的一项根本建设，党的中央领导集体对此高度重视，领导全党紧紧围绕提高领导水平和执政水平、提高拒腐防变和抵御风险的能力这两大历史性课题，着重从思想和作风、体制和机制、方式和方法、素质和本领等方面加强和改进，有力地推动了党和国家事业的发展。自从“加强党的执政能力建设”命题在党的十六大上提出后，各级党委和领导干部不断提高科学判断形势的能力，提高驾驭市场经济、应对复杂局面、依法执政、总揽全局的能力，在提高执政能力方面进行了很多新的探索和实践，党中央也专门作出了开展保持共产党员先进性教育活动的决定。

知识链接

保持共产党员先进性教育

根据党的十六大和党的十六届四中全会精神，为进一步加强党的执政能力建设，全面推进党的建设新的伟大工程，确保党始终走在时代前列，更好地肩负起历史使命，2004 年 11 月 7 日，中共中央发布《关于在全党开展以实践“三个代表”重要思想为主要内容的保持共产党员先进性教育活动的意见》，决定从 2005 年 1 月开始，用一年半左右的时间，在全党开展以实践“三个代表”重要思想为主要内容的保持共产党员先进性教育活动，到 2006 年 6 月基本结束。

（二）开展深入学习实践科学发展观活动

党的十七大将邓小平理论、“三个代表”重要思想以及科学发展观等重大战略思想概括为“中国特色社会主义理论体系”，郑重地将科学发展观写入党章，明确了科学发展观在党的十六大以来党的创新理论中的核心地位，并作出在全党开展深入学习实践科学发展观活动的决策。从 2008 年 9 月开始的一年半时间内，全党自上而下分批开展深入学习实践科学发展观活动，中央领导同志出席动员大会，分别到联系点调研指导，身体力行为全党作表率，有力推动了学习实践活动的深入开展，全国迅速掀起学习热潮。通过学习实践活动，科学发展观日益深入人心，越来越成为干部群众的自觉追求和共同行动。

在学习实践活动中，党中央就如何加强和改进新形势下党的建设作出新的决策部署。2009 年 9 月，党中央作出加强和改进新形势下党的建设的决定，以史为鉴，总结我党执政以来特别是改革开放以来正反两方面的经验，以他国为鉴，吸取其他国家执政党兴衰成败的经验和教训，特别是东欧剧变的惨痛教训，概括了执政党加强自身建设的六条基本经验，最终提出了今后党的建设的重大任务和主题——提高党的建设科学化水平。由此，全党上下在建设马克思主义学习型政党、改革和完善党的领导体制和工作机制、切实推进党内民主、建立科学的干部选拔任用机制、探索党对社会意识形态的科学领导、加强对执政权的制约和监督、推进党的群众工作的科学化、建设反腐倡廉体系的理论和实践、推进基层党建工作的创新、坚持和完善中国的政党体制等方面持续发力，向着建设立党为公、执政为民，求真务实、改革创新，艰苦奋斗、清正廉洁，富有活力、团结和谐的马克思主义执政党这一目标奋力前进。

（三）党风廉政建设和反腐败工作不断取得新成效

中国共产党的性质和宗旨，决定了党同各种消极腐败现象是水火不相容的。中国共产党从成立之日起，就把反腐倡廉作为至关重要的政治任务常抓不懈，始终保持着对党风廉政建设和反腐败斗争的长期性、复杂性、艰巨性的清醒认识。党根据不同历史时期腐败发生的规律和特点，不断更新反腐理念，调整反腐策略，改进反腐方式，加强反腐倡廉建设，使党始终保持先进性和纯洁性。

大革命时期，中共中央先于1926年发出了第一个惩治贪污腐化分子的文件——《关于坚决清洗贪污腐化分子的通告》，后于1927年在党的五大上第一次设立党的纪律检查机构——中央监察委员会。

土地革命时期，党中央针对革命队伍中出现的贪污腐化问题，在古田会议上提出了党和军队干部的廉政建设问题。中华苏维埃共和国临时中央政府成立后，先后发布了《帮助红军战争，实行节俭经济运动》通令和

《关于惩治贪污浪费行为》训令，同腐败现象进行坚决斗争，为后来取得全国执政地位后的廉政建设积累了重要经验。

抗日战争爆发后，中国共产党在艰苦的战斗中仍然牢记反腐败斗争，陕甘宁边区党委重新公布了1926年中共中央《关于坚决清洗贪污腐化分子的通告》，制定了《惩治贪污条例（草案）》，其他各抗日根据地民主政府也都颁布了类似的条例法规，由于执法严格、措施有力，对犯法的共产党员从重治罪，把反腐败与对干部的廉政教育相结合，因而反腐败斗争取得了明显效果，民主政府的声誉迅速传遍全国。

在解放战争中，新解放区也发生了一些贪污现象，各大解放区随即专门颁布了相应处罚条例，惩办了一批贪污犯罪分子。在解放军中重新进行了“三大纪律八项注意”教育，解放区党政军的反腐倡廉建设同国民党统治区的贪污腐败形成鲜明对比。中国共产党深得群众拥护，民心所向胜过百万雄兵，这是中国共产党能够夺取全国胜利的重要原因。

新中国成立后，一部分党员干部产生了“革命到头”的思想，居功自傲，不求上进，贪图享受，甚至贪污犯罪。为此，中共中央连续发出了《关于在全党全军开展整风运动的指示》《关于反贪污斗争必须大张旗鼓地去进行的指示》，并通过“三反”运动清除党内已经滋长起来的腐败现象，从而净化了党风和社会环境。此后，“奢侈浪费可耻，艰苦朴素光荣”的观念深入人心，“为官不贪，为人民服务”的新风尚荡涤了旧社会的腐朽丑恶现象。

党的十一届三中全会在作出实施改革开放的伟大战略决策的同时，更重建中央纪律检查委员会，显示了我们党对于反腐败工作的高度重视和坚定决心。

增强拒腐防变和抵御风险能力，是执政党长期面临的历史性课题。党的十七大报告创造性地提出“反腐倡廉建设”这一概念，第一次把反腐倡廉建设与党的思想建设、组织建设、作风建设、制度建设一起确定为党的建设的基本任务，明确了反腐倡廉建设在党的建设总体部署中的战略定位。党中央着眼于保持党的先进性和纯洁性，始终把党风廉政建设和反腐败斗争放在突出位置，逐步确立标本兼治、综合治理、惩防并举、注重预防的方针，建立健全惩治和预防腐败体系，走出了一条中国特色反腐倡廉道路。

延伸阅读

1.《中共中央关于完善社会主义市场经济体制若干问题的决定》（2003年10月中国共产党第十六届中央委员会第三次全体会议通过）。

2.《中共中央关于构建社会主义和谐社会若干重大问题的决定》（2006年10月11日中国共产党第十六届中央委员会第六次全体会议通过）。

3.《中共中央关于加强和改进新形势下党的建设若干重大问题的决定》（2009年9月18日中国共产党第十七届中央委员会第四次全体会议通过）。

4.《中共中央关于制定国民经济和社会发展第十二个五年规划的建议》（2010年10月18日中国共产党第十七届中央委员会第五次全体会议通过）。

5.《中共中央关于深化文化体制改革推动社会主义文化大发展大繁荣若干重大问题的决定》（2011年10月18日中国共产党第十七届中央委员会第六次全体会议通过）。

深度思考

1. 胡锦涛在庆祝中国共产党成立90周年大会上强调："经过90年的奋斗、创造、积累，党和人民必须倍加珍惜、长期坚持、不断发展的成就是，开辟了中国特色社会主义道路，形成了中国特色社会主义理论体系，确立了中国特色社会主义制度。"请从理论和实践的角度，谈谈对坚持和发展中国特色社会主义的认识。

2. 我们党从全面建设小康社会和构建社会主义和谐社会高度，从解决人民最关心、最直接、最现实的利益问题出发，在社会建设方面提出了哪些目标和承诺？

3. 面对中国的发展，国际社会开始关注和认可中国的制度优势。请思考，中国特色社会主义"特"在何处，中国特色社会主义制度优势"优"在何处。

第八章

开拓进取：历史性、根本性的变革和成就

在全面建设小康社会的关键时期和深化改革开放、加快转变经济发展方式的攻坚时期，党的十八大于2012年胜利召开。在以习近平同志为核心的党中央领导下，全国各族人民继续解放思想、坚持改革开放、推动科学发展、促进社会和谐。党中央紧紧围绕坚持和发展中国特色社会主义、实现“两个一百年”奋斗目标和中华民族伟大复兴的中国梦，提出一系列治国理政的新理念新思想新战略，统筹推进经济建设、政治建设、文化建设、社会建设、生态文明“五位一体”总体布局，协调推进全面建成小康社会、全面深化改革、全面依法治国、全面从严治党“四个全面”战略布局，适应经济发展新常态，确立和落实创新、协调、绿色、开放、共享新发展理念，坚决纠正“四风”，坚定不移反对腐败，开创党和国家事业发展新局面，开启了全面建设社会主义现代化国家新征程。

一、全面建成小康社会目标的确定

（一）科学发展观的历史地位得到确认

在党的十六大之后的10年里，我国经济建设、政治建设、文化建设、社会建设、生态文明建设全面推进，我们成功地迈上了三个大的台阶，即社会生产力、经济实力、科技实力迈上一个大台阶，人民生活水平、居民收入水平、社会保障水平迈上一个大台阶，综合国力、国际竞争力、国际影响力迈上一个大台阶。回顾这十年的奋斗历程，总结我们取得的历史性成就，党的十八大得出了一条历史性结论，就是勇于推进实践基础上的理论创新，围绕坚持和发展中国特色社会主义，在坚持以马克思列宁主义、毛泽东思想为指导的基础上，提出了邓小平理论、“三个代表”重要思想、科学发展观等一系列紧密相连、相互贯通的新思想、新观点、新论断。

作为中国特色社会主义理论体系最新成果，科学发展观是中国共产党集体智慧的结晶，是指导党和国家全部工作的强大思想武器。科学发展观同马克思列宁主义、毛泽东思想、邓小平理论、“三个代表”重要思想一道，是党必须长期坚持的指导思想。确定科学发展观为党的指导思想，是党的十八大作出的重要决策和历史性贡献。

（二）中国特色社会主义理论体系得到深入阐述

中国共产党团结和领导全体人民历经 90 多年的奋斗、创造、积累，走出了一条中国特色社会主义道路，形成了中国特色社会主义理论体系，创造了一套中国特色社会主义制度，这是需要我们倍加珍惜、始终坚持、不断发展的根本成就。

中国特色社会主义道路、中国特色社会主义理论体系、中国特色社会主义制度之间具有内在的逻辑联系，共同统一于中国特色社会主义事业之中。中国特色社会主义道路是实现途径，中国特色社会主义理论体系是行动指南，中国特色社会主义制度是根本保障，三者统一于中国特色社会主义伟大实践，这是党领导人民在建设社会主义长期实践中形成的最鲜明的特色。建设中国特色社会主义的总依据是社会主义初级阶段，总布局是社会主义经济建设、政治建设、文化建设、社会建设、生态文明建设“五位一体”，总任务是实现社会主义现代化和中华民族伟大复兴。夺取中国特色社会主义新胜利，必须坚持人民主体地位，必须坚持解放和发展社会生产力，必须坚持推进改革开放，必须坚持维护社会公平正义，必须坚持走共同富裕道路，必须坚持促进社会和谐，必须坚持和平发展，必须坚持党的领导。

（三）全面建成小康社会目标得以确认

邓小平提出建设“小康社会”战略构想后，中国人民已经为建设小康社会不懈奋斗了几十年。随着中国特色社会主义建设事业的深入推进，其内涵和意义不断地得到丰富和发展。在20世纪末基本实现“小康”的前提下，党的十八大报告首次明确提出了“全面建成小康社会”。“建设”与“建成”虽然仅仅一字之差，但意义深远。从“建设”到“建成”，这是党对人民的庄严承诺。全面建成小康社会的目标已在眼前，只要我们奋勇攀登，奋力跨越，就能够实现全面建成小康社会的目标。

不积跬步，无以至千里。要想到2020年实现全面建成小康社会的宏伟目标，唯有脚踏实地地不懈奋斗。在经济持续健康发展和经济发展平衡性、协调性、可持续性明显增强的基础上，党的十八大从我国经济社会发展实际出发，在提高国内生产总值和城乡居民人均收入，提高人民生活水平，扩大人民民主，增强文化软实力，建设资源节约型、环境友好型社会等方面都指出了新的努力方向。

发展中国特色社会主义是一项长期的艰巨的历史任务，必须进行具有许多新的历史特点的伟大斗争。在全党全国各族人民的信任和期待中，亿万人民的智慧和力量开始凝聚，具有许多新的历史特点的伟大斗争逐渐开启，共创中国人民和中华民族更加幸福美好未来的崭新征程已在路上。

二、党和国家事业历史性、根本性的变革和成就

党的十八大召开后的五年，是党和国家发展进程中极不平凡的五年。这五年，面对世界经济复苏乏力、局部冲突和动荡频发、全球性问题加剧的外部环境，面对我国经济发展进入新常态等一系列深刻变化，以习近平同志为核心的党中央，以巨大的政治勇气和强烈的责任担当，迎难而上，开拓进取。

（一）加强党的领导、全面从严治党

90 多年来，中国革命、建设和改革的历史和实践都表明，党的建设归根结底是为了提高党的创造力、凝聚力、战斗力，提高党领导革命、建设和改革的能力，最终完成党所肩负的伟大历史使命。

党的十八大召开后的五年里，全面加强党的领导发生深刻变革。面对在坚持党的领导问题上出现的模糊认识和错误思想认识，面对在一些地方和部门中出现的基层党组织领导核心地位弱化、组织生活制度落实不严、基层党组织的战斗堡垒作用不强、党员先锋模范作用发挥不够等一系列带有普遍性的党的领导弱化和党的建设缺失现象，党中央果断提出坚持和改善党的领导的重大政治要求，强调党的领导是做好党和国家各项工作的根本保证；强调党政军民学，东西南北中，党是领导一切的；强调增强“四个意识”，坚决维护习近平总书记党中央的核心、全党的核心地位，坚决维护党中央权威和集中统一领导。

与此同时，政治建设、思想建设、组织建设、作风建设、纪律建设多管齐下，坚持党的领导的体制机制得到完善，民主集中制得到很好的坚持，党的政治纪律和政治规矩更加严明，个人主义、分散主义、自由主义、本

位主义、好人主义和宗派主义遭到全党上下共同反对……通过这些重大工作，我们党纠正了错误认识，扭转了党的领导弱化的局面，实现了全党思想上统一、政治上团结、行动上一致，大大增强了党的凝聚力、战斗力、领导力和号召力。

而针对新形势下党执政面临许多新的重大风险考验和党内存在的腐败等突出问题，党中央果断作出全面从严治党战略部署，并以顽强的意志、空前的力度加以推进，着力解决人民群众反映最强烈、对党的执政基础威胁最大的突出问题。

坚定理想信念是中国共产党人的精神本色。正是因为共同的理想信念，才有了革命年代共产党员的前赴后继、英勇牺牲，才有了和平与建设年代共产党员的艰苦奋斗、激情燃烧，才有了改革开放年代共产党员的敢为人先、弄潮时代。2012 年 11 月 17 日，习近平总书记在十八届中共中央政治局第一次集体学习时形象地说，理想信念就是共产党人精神上的“钙”，没有理想信念，理想信念不坚定，精神上就会“缺钙”，就会得“软骨病”。这五年，我们党大力推进理想信念教育，通过开展党的群众路线教育实践活动和“三严三实”专题教育，推进“两学一做”学习教育常态化制度化，加强思想政治建设，补足“精神之钙”，解决好世界观、人生观、价值观这个“总开关”问题。

党内政治生活是党的政治建设的重要内容，在全面从严治党中发挥着重要作用。党的十八大以来，政治纪律和政治规矩得到不断强化，选人用人上的不正之风得到遏制；广大党员干部自觉抵制特权思想和特权现象，做到正确行使权力，依法用权、秉公用权、廉洁用权；党内政治生态明显优化，党内政治生活质量明显提高。

2012 年 12 月 4 日，习近平总书记主持中央政治局会议，审议通过了中共中央关于改进工作作风、密切联系群众的八项规定，开启了激浊扬清的作风之变，使“四风”问题得到根本整治。以中央八项规定为切入点，中国共产党驰而不息地推进党风廉政建设，将全面从严治党推向纵深。全面强化党内监督，巡视利剑作用彰显，实现中央和省级党委巡视全覆盖。坚持反腐败无禁区、全覆盖、零容忍，坚定不移“打虎”“拍蝇”“猎狐”，严肃查处重大腐败案件。这些重大工作和重大成就刹住了一些过去被认为不可能刹住的歪风邪气，攻克了一些司空见惯的顽瘴痼疾，形成了反腐败斗争压倒性态势，消除了党和国家内部存在的严重隐患。管党治党实现从“宽松软”到“严紧硬”的深刻转变。

从此，党内政治生活气象更新，党内政治生态明显好转，全党理想信念更加坚定、党性更加坚强，党自我净化、自我完善、自我革新、自我提高能力显著增强，党的执政基础和群众基础更加巩固，为党和国家事业发展提供了坚强政治保证。

（二）转变发展理念、创新发展方式

党的十八大以来，世界贸易处于持续低迷状态、世界经济复苏乏力，国内经济则处于增长速度进入换挡期、结构调整面临阵痛期、前期刺激政策消化期的“三期叠加”，经济发展不平衡、不充分、不协调、不可持续问题日益突出，党中央果断作出我国经济发展进入新常态的重大判断。在创新、协调、绿色、开放、共享新发展理念的指导下，党和国家加快完善使市场在资源配置中起决定性作用、更好发挥政府作用的体制机制，坚定不移推进供给侧结构性改革，使要素实现最优配置，提高经济增长的质量和数量。供给侧改革主要涉及产能过剩、楼市库存大、债务高企这三个方面，为解决好这些问题，党中央坚定不移推进“三去一降一补”政策，集中力量抓好去产能、去库存、去杠杆、降成本、补短板五大任务。随着“一带一路”倡议的提出，党和国家相继推进了京津冀协同发展、长江经济

带发展等重大战略，加快推进经济结构调整和新旧动能转换，大力推进精准扶贫、精准脱贫，特别强调要坚持正确的政绩观，不能简单地以国内生产总值增长率论英雄。

知识链接

“一带一路”倡议

“一带一路”是“丝绸之路经济带”和“21世纪海上丝绸之路”的简称。它将充分依靠中国与有关国家既有的双多边机制，借助既有的、行之有效的区域合作平台，旨在借用古代丝绸之路的历史符号，高举和平发展的旗帜，积极发展与沿线国家的经济合作伙伴关系，共同打造政治互信、经济融合、文化包容的利益共同体、命运共同体和责任共同体。

这些重大工作和重大成就使全党全国的发展观念发生深刻变化，推动我国经济由高速增长阶段转向高质量发展阶段，为我国发展培育了新动力、拓展了新空间，有力推动了我国发展不断朝着更高质量、更有效率、更加公平、更可持续的方向前进。

（三）深化体制改革、激发创新活力

改革开放只有进行时、没有完成时，停顿和倒退没有出路。从吹响改革开放伟大号角的党的十一届三中全会，到党的十八届三中全会作出全面深化改革的重大战略决策，党中央始终都站在历史潮头，果敢抉择，科学部署，引领改革阔步前行。

面对我国各方面体制机制存在的突出矛盾和问题，党中央清醒地认识到，改革不可能一劳永逸，改革面临的矛盾越多、难度越大，越要敢于啃

硬骨头，敢于涉险滩，敢于向积存多年的顽瘴痼疾开刀，改革全面发力、多点突破、纵深推进。在改革开放关键时刻召开的党的十八届三中全会，对新的历史条件下我国经济体制、政治体制、文化体制、社会体制、生态文明体制和党的建设制度改革作出全面部署，在改革理论和政策上形成一系列新的重大突破，是新时代改革再出发的顶层设计。

党的十八大之后的5年里，具有四梁八柱性质的改革主体框架基本确立，全面深化改革取得历史性成就，为实现“两个一百年”奋斗目标、实现中华民族伟大复兴注入了强大动力。《中共中央关于全面深化改革若干重大问题的决定》指出：使市场在资源配置中起决定性作用和更好发挥政府作用；以管资本为主加强国有资产监管；国有资本、集体资本、非公有资本等交叉持股、相互融合的混合所有制经济，是基本经济制度的重要实现形式；赋予农民对承包地占有、使用、收益、流转及承包经营权抵押、担保权能，允许农民以承包经营权入股发展农业产业化经营等。这些重大理论观点不仅在经济理论上取得新突破，更为深化新时代经济体制改革提供了有力支撑。在这些理论的指导下，政府对资源的直接配置大幅度减少，商品价格由市场调节已经基本实现；国企改革有了新的突破，市场主体活力得到充分激发；承包地所有权、承包权、经营权“三权”分置，为乡村振兴提供了强有力杠杆；户籍制度、考试招生制度、生态环保等关乎民生的改革举措陆续落地实施。全面深化改革取得重大成就，全社会发展活力和创新活力明显增强，人民群众获得感显著提升。

（四）坚定依法治国、维护公平正义

随着改革开放的不断深入，有法不依、执法不严、违法不究、司法不公等问题严重影响社会公平正义与和谐稳定，法治建设相对滞后的情况与经济社会飞速发展的现实之间产生巨大反差。此时，党中央果断作出全面

推进依法治国的重大决策，统筹加强科学立法、严格执法、公正司法、全民守法各环节建设，统筹推进法治国家、法治政府、法治社会一体建设，全面推进司法体制改革，中国特色社会主义法治体系日益完善。

在政治体制改革不断深化的过程中，坚持党的领导、人民当家作主、依法治国有机统一，更加广泛、更加充分、更加健全的人民民主得到充分发展，社会主义民主政治制度建设迈出坚实步伐。人民主体地位坚如磐石，人民代表大会制度理论和实践创新不断向前推进，人民代表大会制度充分发挥根本政治制度的优势和作用；政党协商、人大协商、政府协商、政协协商、人民团体协商、基层协商以及社会组织协商统筹推进，协商民主广泛多层制度化发展；以宪法为核心的中国特色社会主义法律体系逐渐完善，法治国家、法治政府、法治社会一体建设协调推进，科学立法、严格执法、公正司法、全民守法都取得重要进展。

这些重大工作和重大成就有效提高了国家机构依法履职能力，有效提高了各级领导干部运用法治思维和法治方式解决问题、推动发展的能力，有效增强了全社会的法治意识，有效促进了社会公平正义，维护了人民群众的合法权益，有效增强了我们党运用法律手段领导和治理国家的能力。

（五）弘扬核心价值观、增强文化自信

在全体人民齐心协力全面深化改革、努力建成小康社会的同时，境内外敌对势力对我国进行的意识形态渗透从未停止，各种错误思潮、观点给我国改革发展稳定带来了严重干扰。意识形态工作是党的一项极端重要的工作，关系到全体党员的理想信仰，关系到党的执政基础，关系到全国人民奋斗的价值取向。加强对意识形态工作的领导，是党中央作出的又一项重大工作部署。2018 年 8 月，习近平总书记在全国宣传思想工作会议上指出，建设具有强大凝聚力和引领力的社会主义意识形态，是全党特别是宣

传思想战线必须担负起的一个战略任务。

在“意识形态工作是党的一项极端重要的工作”[①]的精神指引下，党中央始终坚持马克思主义在意识形态领域的指导地位，就意识形态领域方向性、根本性、全局性问题阐明立场，建立健全意识形态工作责任制，加强宣传舆论阵地管理和网络舆论监管，形成了党政齐抓共管、宣传部门组织协调、各相关部门积极配合、共同做好意识形态工作的格局，意识形态领域的突出问题和不利局面迅速得到扭转，呈现向上向好的积极态势，赢得了广大人民群众的衷心拥护和强有力支持。由此，党在意识形态领域的主导权和话语权大大增强，意识形态领域一度出现的被动局面得到强力扭转。

意识形态工作之所以能够坚守马克思主义的理论阵地，与我们党深入持久推进社会主义文化建设密切相连。党的十八大之后的 5 年里，国有经营性文化单位加快了公司制、股份制改造，文化企业跨地区、跨行业、跨所有制兼并重组不断深入，文化产业规模化、集约化、专业化水平不断提高；现代公共文化服务体系初步构建起来，不同文化事业单位功能定位得到明确区分；文化体制改革的新突破激发了广大文化工作者的创作热情，解放了文化生产力，中国特色社会主义文化呈现出繁荣发展新局面。由此，社会主义核心价值观深入人心，中华优秀传统文化得到广泛弘扬，互联网建设管理运用不断完善，主旋律更加响亮，正能量更加强劲，文化自信得到彰显，国家文化软实力和中华文化的影响力大幅提升，全党全社会思想上的团结统一更加巩固。

① 习近平：《胸怀大局把握大势着眼大事 努力把宣传思想工作做得更好》，《人民日报》2013 年 8 月 21 日。

（六）保护生态环境、建设生态文明

改革开放之初，我国就提出不能走一些国家在现代化过程中走过的“先污染、后治理”的老路，但在实际发展过程中，一些地方对快速脱贫和富裕起来的渴望压倒了环境保护和资源节约的要求，因此忽视了科学发展观。长期积累下来，各种带来严重污染的企业大干快上，将工业“三废”和有毒物质向天空、大地、江河湖海肆意排放，造成自然环境的严重污染和自然资源的严重损耗，也给人民的生存环境和身心健康带来极大损害，降低了人民的幸福指数，影响着中国特色社会主义事业的健康发展。如果长此以往不加遏制，人民生活何谈幸福？这些环境问题引起党中央的高度重视，党的十八大提出中国特色社会主义事业“五位一体”总体布局，把生态文明建设放到更加突出的位置。习近平总书记更进一步指出：“要坚定推进绿色发展，推动自然资本大量增值，让良好生态环境成为人民生活的增长点、成为展现我国良好形象的发力点，让老百姓呼吸上新鲜的空气、喝上干净的水、吃上放心的食物、生活在宜居的环境中、切实感受到经济发展带来的实实在在的环境效益，让中华大地天更蓝、山更绿、水更清、环境更优美，走向生态文明新时代。”[①]

党的十八大之后的5年里，生态文明建设发生深刻变革，美丽中国建设迈出重要步伐。党中央把生态文明建设放在更加突出的位置，实行严格的生态环境保护制度，在生态文明建设上的重视程度、投入力度前所未有，全党全国贯彻绿色发展理念的自觉性和主动性显著增强的同时，漠视生态环境、破坏生态环境的行为和倾向得到有效遏制。我们坚持人与自然和谐共生，坚持良好生态环境是最普惠的民生福祉，推动“绿水青山就是金山

① 习近平：《在省部级主要领导干部学习贯彻党的十八届五中全会精神专题研讨班上的讲话》，《人民日报》2016年5月10日。

银山”理念逐步深入人心，生态文明制度体系基本形成，生态环境治理力度不断加大，生态环境质量持续改善，人与自然和谐发展的现代化建设新格局加快形成。在解决国内环境问题的同时，我国还深度参与全球生态环境治理，成为全球生态文明建设的重要参与者、贡献者、引领者。

（七）建设现代军队、树立负责任大国形象

人民军队发展史，就是一部改革创新史。在党的领导下，人民军队从小到大、从弱到强、从胜利走向胜利，一路走来，改革创新步伐从来没有停止过。国防和军队建设作为改革开放不可分割的有机组成部分，在伴随经济发展和社会进步取得历史性成就的同时，不可避免地也存在许多体制性障碍、结构性矛盾，部队内部同样出现了不正之风。在果断作出在全军开展正风肃纪的重大政治决策后，全军政治工作会议对新形势下政治建军作出部署，坚定不移开展党风廉政建设和反腐败斗争。党中央、中央军委铁腕反腐，以刮骨疗毒的勇气，严肃查处一批大案要案，彰显从严治军坚定决心，在军内外反响强烈。党的十八大之后的5年里，军委管总、战区主战、军种主建新格局在改革强军的过程中逐渐成形；以军队领导指挥体制改革为先声，人民军队组织架构和力量体系实现革命性重塑；将依法治军、从严治军纳入强军总体布局，治军方式也实现了根本性转变；紧跟世界军事科技发展潮流，适应打赢信息化战争要求，坚持向科技创新要战斗力，大力推动科技兴军，强军事业开拓出新境界；准确把握国家安全形势变化的新特点、新趋势，坚持总体国家安全观，走出一条中国特色国家安全道路。这些重大举措和重大工作加强了党对军队的绝对领导，国防和军队改革取得历史性突破，实现了人民军队政治生态重塑、组织形态重塑、力量体系重塑、作风形象重塑，提高了国防和军队现代化建设水平，加强了国家安全工作，提升了我们维护国家主权、安全、发展利益的能力。

除了在意识形态领域不断渗透，一些西方国家在外交领域对我国进行的围堵、干扰、遏制也从未停止。针对来自外部环境的严峻挑战，党中央果断对外交总体布局作出战略谋划。2014 年 11 月 28 日，习近平总书记在中央外事工作会议上指出："中国必须有自己特色的大国外交。"党的十八大之后的 5 年里，中国特色大国外交也发生深刻变革。我们坚持统筹国内国际两个大局，提倡新安全观，推进国际关系民主化，高举"和平、发展、合作"大旗，推进全方位外交；提出构建人类命运共同体，呼吁全球各国共同应对粮食安全、资源短缺、气候变化、网络攻击、人口爆炸、环境污染、疾病流行、跨国犯罪等全球非传统安全问题；在不断阐明我国的全球治理观、新安全观、新发展观、全球化观的过程中，倡议和推动"一带一路"建设，构建覆盖全球的伙伴关系网络，促进全球治理体系变革，形成了全方位、多层次、立体化的中国特色大国外交布局。这些重大工作和重大成就大大提高了我国的国际影响力、感召力、塑造力，为我国发展营造了和平国际环境和良好周边环境，提高了我国参与全球治理的能力和水平，为我国发展在国际上赢得了战略主动，为世界和平与发展作出了新的重大贡献。

三、历史性成就、历史性变革的深刻内涵

习近平总书记在党的十九大报告中指出："五年来的成就是全方位的、开创性的，五年来的变革是深层次的、根本性的。"这一重大论断，高度概括了党的十八大以来党和国家事业取得的历史性成就、发生的历史性变革的深刻内涵。

（一）历史性成就是全方位的、开创性的

党的十八大之后的5年里，党中央统筹推进“五位一体”总体布局、协调推进“四个全面”战略布局，坚持和贯彻新发展理念，推动经济建设取得重大成就，全面深化改革取得重大突破，民主法治建设迈出重大步伐，思想文化建设取得重大进展，人民生活不断改善，生态文明建设成效显著，强军兴军开创新局面，港澳台工作取得新进展，全方位外交布局深入展开，全面从严治党成效卓著，党和国家事业全面开创新局面。中国日益走近世界舞台中央，前所未有地接近实现中华民族伟大复兴的目标，前所未有地具有实现这个目标的能力和信心。

这五年，我国经济保持中高速增长，在世界主要国家中名列前茅，国内生产总值从54万亿元增加到82.7万亿元，年均增长7.1%，对世界经济增长贡献率超过30%。8000多万农业转移人口成为城镇居民，6000多万贫困人口稳定脱贫，年均减贫1300万人以上，城镇新增就业年均在1300万人以上。这些历史性成就极大增强了我国的综合国力、国际影响力和人民的获得感、幸福感、安全感，为党和国家事业全面发展奠定了更加坚实的基础，为中国特色社会主义进入新时代作出了开创性贡献。

（二）历史性变革是深层次的、根本性的

这五年，面对国际国内形势的复杂变化，面对党内存在的突出问题，以习近平同志为核心的党中央直面问题，攻坚克难，推动党和国家事业发生历史性变革。党的领导得到全面加强，党的领导被忽视、淡化、削弱的状况得到明显改变；坚定不移贯彻新发展理念，发展观念不正确、发展方式粗放的状况得到明显改变；坚定不移全面深化改革，各方面体制机制弊端制约发展活力和社会活力的状况得到明显改变；坚定不移全面推进依法

治国，有法不依、执法不严、违法不究、司法不公问题严重的状况得到明显改变；加强党对意识形态工作的领导，社会思想舆论环境中的混乱状况得到明显改变；坚定不移推进生态文明建设，忽视生态环境保护、生态环境恶化的状况得到明显改变；坚定不移推进国防和军队现代化，人民军队中一度存在的不良政治状况得到明显改变；坚定不移推进中国特色大国外交，我国在国际力量对比中面临的不利状况得到明显改变；坚定不移推进全面从严治党，管党治党“宽松软”的状况得到明显改变。这些历史性变革的力度之大、程度之深、范围之广、成效之卓著，在党的历史上、在新中国历史上、在中华民族发展史上都具有极其重要的意义，对中国特色社会主义事业的发展产生了全局性和根本性的影响。

（三）伟大变革和巨大成就归根结底来源于党的坚强领导

党的十八大之后的 5 年里，党和国家事业之所以取得历史性成就、发生历史性变革，是全党全国各族人民同心同德、团结奋斗的结果，是各级党组织和广大党员、干部敬业履职、勇于担当的结果，最根本、最重要的原因是习近平新时代中国特色社会主义思想的科学指引、以习近平同志为核心的党中央的坚强领导。我们取得的这些变革和成就来之不易，经验和启示弥足珍贵，必须倍加珍惜、长期坚持。

1. 必须始终坚持用党的理论创新成果武装全党、指导实践

党的十八大以来，习近平总书记以马克思主义政治家、思想家的深刻洞察力、敏锐判断力、理论创造力和战略定力，紧密结合新的时代条件和实践要求，以全新的视野深化对共产党执政规律、社会主义建设规律、人类社会发展规律的认识，在进行重大实践创新基础上，取得重大理论创新成果，形成了习近平新时代中国特色社会主义思想。

这一思想是全党全国各族人民为实现中华民族伟大复兴而奋斗的行动指南，是党和国家必须长期坚持的指导思想。这一思想源于实践又指导实践，为新时代坚持和发展中国特色社会主义、推进党和国家事业提供了基本遵循。

2. 必须坚决维护习近平总书记党中央的核心、全党的核心地位

党的十八大以来，习近平总书记以厚重的人民情怀、非凡的政治智慧、坚强的意志品质、强烈的历史担当，团结带领全党全国各族人民进行具有许多新的历史特点的伟大斗争，推动改革开放和社会主义现代化建设取得新的重大成就，推动党和国家事业全面开创新局面，赢得全党全军全国各族人民的高度评价和衷心爱戴，成为党中央的核心、全党的核心。对我们这样一个有着 8900 多万名党员的马克思主义大党来说，对我们这样一个有着近 14 亿人口的社会主义大国来说，党中央有核心、全党有核心、全国各族人民有核心至关重要。

3. 必须始终坚持和加强党的全面领导

事在四方，要在中央。中国特色社会主义最本质的特征是中国共产党领导，中国特色社会主义制度的最大优势是中国共产党领导，党是最高政治领导力量。党的理论和路线方针政策，是全党全国各族人民统一思想、统一意志、统一行动的依据和基础。只有党中央有权威，才能把全党牢固凝聚起来，进而把全国各族人民紧密团结起来，形成万众一心、无坚不摧的磅礴力量。如果党中央没有权威，各自为政，各行其是，党就会变成一盘散沙，党的领导就会成为一句空话。坚持和加强党的全面领导，是党和国家的根本所在、命脉所在，是全国各族人民利益所在、幸福所在。只有坚持和加强党的全面领导、推进全面从严治党，我们才能更好实现“两个一百年”奋斗目标，实现中华民族伟大复兴的中国梦。

延伸阅读

1. 胡锦涛：《坚定不移沿着中国特色社会主义道路前进 为全面建成小康社会而奋斗——在中国共产党第十八次全国代表大会上的报告》，人民出版社2012年版。

2. 习近平：《决胜全面建成小康社会 夺取新时代中国特色社会主义伟大胜利——在中国共产党第十九次全国代表大会上的报告》，人民出版社2017年版。

深度思考

1. 回首近代以来中国波澜壮阔的历史，展望中华民族充满希望的未来，我们得出的一个坚定的结论是什么？

2. 恩格斯在《劳动在从猿到人的转变中的作用》中曾写道："我们不要过分陶醉于我们人类对自然界的胜利；对于每一次这样的胜利，自然界都对我们进行报复。"结合恩格斯的论断，以及党的十八大报告提出的社会主义生态文明建设理论并把生态文明建设上升到国家战略，思考生态文明建设对于现在和今后我国经济社会发展具有何种重要的意义。

3. 我国着力推进"一带一路"建设，推进京津冀协同发展、自贸试验区建设、长江经济带建设，这些举措说明了什么？

◀ 第九章

历史方位：
中国特色社会主义进入新时代

2017 年 10 月 18 日，在中国共产党第十九次全国代表大会上，习近平总书记郑重提出：“经过长期努力，中国特色社会主义进入了新时代，这是我国发展新的历史方位。”这一重大政治论断赋予党的历史使命、理论遵循、目标任务新的时代内涵，为深刻把握当代中国发展变革的新特征，提供了时代坐标和科学依据。这一宣示，概括了中华民族的伟大飞跃，坚定了中国共产党的时代使命。

一、对中国发展新的历史方位作出重大政治论断

“中国特色社会主义进入了新时代”这一重大政治论断，是我们党在科学把握时代趋势和国际局势重大变化、科学把握世情、国情、党情深刻变化的基础上作出的，有着充分的时代依据、理论依据和实践依据；是根据中国特色社会主义进入新的发展阶段、根据我国面临的社会主要矛盾发生新变化、根据历史交汇期新的奋斗目标、根据我国国际环境发生新变化作出的。作出“中国特色社会主义进入了新时代”的重大政治论断，彰显了中国共产党与时代共同进步的先进性本色，以及把握历史规律和历史趋势的高度自觉和高度自信，符合中国特色社会主义实际，是改革开放以来我国社会发展进步的必然结果，是我国社会主要矛盾运动的必然结果，也是

我们党团结带领全国各族人民开创光明未来的必然要求。

（一）新时代的丰富内涵

中国特色社会主义进入了新时代，既不是凭空产生的，更不是一个简单的新概念表述，而是经济社会发展到一定阶段发生的必然历史飞跃，具有丰富厚重的思想内涵、实践内涵和历史内涵。

1. 这个新时代，是承前启后、继往开来、在新的历史条件下继续夺取中国特色社会主义伟大胜利的时代

中国特色社会主义是党和人民 90 多年来奋斗、创造、积累的根本成就。改革开放以来特别是党的十八大以来，我们党带领人民走中国特色社会主义道路，极大激发了中国人民的创造力，极大解放和发展了社会生产力，极大增强了社会活力，极大提升了我国的国际地位，社会主义在中国展现出强大生命力。中国特色社会主义是不断发展、不断前进的，需要一代又一代中国共产党人带领人民接续奋斗。习近平总书记反复强调，坚持和发展中国特色社会主义是一篇大文章。我们这一代共产党人的任务，就是继续把这篇大文章写下去。在中国特色社会主义新时代，我们党治国理政第一位的任务，就是紧紧围绕坚持和发展中国特色社会主义这个主题，团结带领人民奋力实现"两个一百年"奋斗目标，谱写中国特色社会主义新的伟大篇章，让社会主义在中国展现出更加强大的生命力。

2. 这个新时代，是决胜全面建成小康社会进而全面建设社会主义现代化强国的时代

党的十九大围绕实现"两个一百年"奋斗目标，对经济建设、政治建设、文化建设、社会建设、生态文明建设等作出战略部署，具有很强的战略性、前瞻性、针对性。到 2020 年如期全面建成小康社会，是我们党向人

民、向历史作出的庄严承诺，必须举全党全国之力不懈奋斗。全面建设社会主义现代化强国，是第二个百年奋斗目标，深度和难度超乎寻常。因此，坚韧不拔、锲而不舍地为全面建成小康社会、全面建设社会主义现代化强国而奋斗，是中国特色社会主义新时代的必然要求和历史任务。

3. 这个新时代，是全国各族人民团结奋斗、不断创造美好生活、逐步实现全体人民共同富裕的时代

人民对美好生活的向往，始终是我们党的奋斗目标。在中国特色社会主义新时代，我们党把不断创造美好生活、逐步实现全体人民共同富裕作为发展的目标和归宿，体现了以人民为中心的发展思想，体现了我们党全心全意为人民服务的根本宗旨，体现了中国特色社会主义的本质要求。我们党的重大任务，就是更加关注人民对美好生活新的多样化需求，更加关注社会公平正义，更加注重多谋民生之利、多解民生之忧，着力使全体人民在共建共享发展中有更多获得感、幸福感、安全感，着力使全体人民享有更加幸福安康的生活，着力在实现全体人民共同富裕上不断取得实实在在的新进展。

4. 这个新时代，是全体中华儿女勠力同心、奋力实现中华民族伟大复兴中国梦的时代

实现中华民族伟大复兴，是近代以来中华民族最伟大的梦想，凝聚了几代中国人的夙愿。新中国的成立，为民族复兴奠定了坚实基础。改革开放新的伟大革命，为民族复兴注入了强大生机活力。在中国共产党领导下，中国这个世界上最大的发展中国家创造了人类社会发展史上惊天动地的发展奇迹。在中国特色社会主义新时代，中国比历史上任何时期都更接近、更有信心和能力实现中华民族伟大复兴的目标。凝聚起全体中华儿女同心共筑中国梦的磅礴力量，接续奋斗、砥砺前行，就一定能够到达民族复兴

的光辉彼岸。

5. 这个新时代，是我国日益走近世界舞台中央、不断为人类作出更大贡献的时代

当今世界，中国人民的梦想同各国人民的梦想息息相通，实现中国梦离不开和平的国际环境和稳定的国际秩序。在中国特色社会主义新时代，面对国际格局和国际关系的深度调整，面对局部冲突和动荡频发、人类需要应对许多共同挑战的外部环境，我们必须统筹国内国际两个大局，始终高举和平、发展、合作、共赢的旗帜，恪守维护世界和平、促进共同发展的外交政策宗旨，牢牢把握构建人类命运共同体的目标追求，始终不渝走和平发展道路、奉行互利共赢的开放战略，坚持正确的义利观，树立共同、综合、合作、可持续的新安全观，谋求开放创新、包容互惠的发展前景，促进和而不同、兼收并蓄的文明交流，始终做世界和平的建设者、全球发展的贡献者、国际秩序的维护者。中国为人类文明作出过卓越贡献，在中国特色社会主义新时代，中国一定能为世界的和平与发展、人类的繁荣与进步作出新的更大贡献。

正如习近平总书记强调的，这个新时代是中国特色社会主义新时代，而不是别的什么新时代。

（二）新时代的重大意义

习近平总书记指出："中国特色社会主义进入新时代，在中华人民共和国发展史上、中华民族发展史上具有重大意义，在世界社会主义发展史上、人类社会发展史上也具有重大意义。"[①] 党的十九大报告用"三个意味着"，

① 习近平：《决胜全面建成小康社会 夺取新时代中国特色社会主义伟大胜利——在中国共产党第十九次全国代表大会上的报告》，人民出版社 2017 年版，第 12 页。

对中国特色社会主义进入新时代的重大意义作出高度概括。

中国特色社会主义进入新时代，意味着近代以来久经磨难的中华民族迎来了从站起来、富起来到强起来的伟大飞跃，迎来了实现中华民族伟大复兴的光明前景。实现中华民族伟大复兴是近代以来中华民族团结奋斗的最大公约数，是中国共产党与生俱来的历史使命。鸦片战争后，中国人民经历深重苦难。无数仁人志士不屈不挠、前赴后继，矢志不渝探索复兴之路。中国共产党在民族蒙受苦难、探求光明的逆境中应运而生，带领人民历经28年浴血奋战，建立新中国。新中国成立以来特别是改革开放40年来，我们党团结带领人民成功走出一条中国特色社会主义道路，稳定解决了十几亿人的温饱问题，总体上实现小康，不久将全面建成小康社会，中国人民逐步富裕起来。历经苦难与辉煌、曲折与胜利、付出与收获，中国特色社会主义进入了新时代，中华民族正在实现从富起来到强起来的伟大飞跃。到21世纪中叶，我国将全面建成富强民主文明和谐美丽的社会主义现代化强国，物质文明、政治文明、精神文明、社会文明、生态文明将全面跃升，成为综合国力和国际影响力领先的国家，中华民族将以更加昂扬的姿态屹立于世界民族之林。

中国特色社会主义进入新时代，意味着科学社会主义在21世纪的中国焕发出强大生机活力，在世界上高高举起了中国特色社会主义伟大旗帜。习近平总书记指出："科学社会主义在中国的成功，对马克思主义、科学社会主义的意义，对世界社会主义的意义，是十分重大的。"[①]20世纪80年代末90年代初，东欧剧变、苏联解体、苏共垮台，世界社会主义遭受严重曲折。"社会主义失败论""历史终结论"一度甚嚣尘上，"中国崩溃论"在西方也不绝于耳。然而，中国顶住了巨大压力和挑战，坚守和捍卫了社会主

① 习近平：《以时不我待只争朝夕的精神投入工作 开创新时代中国特色社会主义事业新局面》，《人民日报》2018年1月6日。

义。中国特色社会主义取得了巨大成功，创造出令人惊叹的“中国奇迹”，谱写了社会主义发展的辉煌篇章，为历经磨难的社会主义注入强大生命力，在世界上重振了人们对社会主义的信心。邓小平曾经指出：“最终说服不相信社会主义的人要靠我们的发展。如果我们本世纪内达到了小康水平，那就可以使他们清醒一点；到下世纪中叶我们建成中等发达水平的社会主义国家时，就会大进一步地说服他们。”[①] 进入新时代，中国特色社会主义这面旗帜在当今世界更加鲜艳夺目，成为引领 21 世纪科学社会主义发展的伟大旗帜，成为振兴世界社会主义的中流砥柱。

中国特色社会主义进入新时代，意味着中国特色社会主义道路、理论、制度、文化不断发展，拓展了发展中国家走向现代化的途径，给世界上那些既希望加快发展又希望保持自身独立性的国家和民族提供了全新选择，为解决人类问题贡献了中国智慧和中国方案。在中国共产党领导下，改革开放 40 年来中国创造了世界历史上的发展奇迹，成功走出了一条独具特色的社会主义现代化道路，打破了发展中国家对西方国家现代化的“路径依赖”，为它们树立了发展榜样，提供了全新选择。我国的实践向世界说明了一个道理：实现现代化，世界上没有一种普遍适用的发展模式，各国完全可以走自己的路。

（三）根据社会主要矛盾转化作出重大政治论断

中国特色社会主义进入新时代，我国社会主要矛盾已经转化为人民日益增长的美好生活需要和不平衡不充分的发展之间的矛盾。我国稳定解决了十几亿人的温饱问题，总体上实现小康，不久将全面建成小康社会，人民的美好生活需要日益广泛，不仅对物质文化生活提出了更高要求，而且

① 邓小平：《用中国的历史教育青年》，《邓小平文选》第 3 卷，人民出版社 1993 年版，第 204 页。

在民主、法治、公平、正义、安全、环境等方面的要求也不断提高。同时，我国社会生产力水平总体上显著提高，社会生产能力在很多方面进入世界前列。而更加突出的问题是发展不平衡不充分，这已经成为满足人民日益增长的美好生活需要的主要制约因素。

我国社会主要矛盾的变化是关系全局的历史性变化，对党和国家工作提出了许多新要求。我们要在继续推动发展的基础上，着力解决好发展不平衡不充分问题，大力提升发展质量和效益，更好满足人民在经济、政治、文化、社会、生态等方面日益增长的需要，更好推动人的全面发展、社会全面进步。

我国社会主要矛盾的变化，没有改变我们对我国社会主义所处历史阶段的判断，我国仍处于并将长期处于社会主义初级阶段的基本国情没有变，我国是世界最大发展中国家的国际地位没有变。全党要牢牢把握社会主义初级阶段这个基本国情，牢牢立足社会主义初级阶段这个最大实际，牢牢坚持党的基本路线这个党和国家的生命线、人民的幸福线，团结和领导全国各族人民，以经济建设为中心，坚持四项基本原则，坚持改革开放，自力更生，艰苦创业，为把我国建设成为富强民主文明和谐美丽的社会主义现代化强国而奋斗。

（四）中国共产党面临新的历史使命

中国共产党成立以来，就把实现共产主义作为自己的最高理想和最终目标。为了实现中华民族伟大复兴的历史使命，无论是弱小还是强大，无论是顺境还是逆境，我们党都初心不改、矢志不渝，团结带领人民历经千难万险，付出巨大牺牲，谱写了气吞山河的壮丽史诗。在比历史上任何时期都更接近中华民族伟大复兴的目标的今天，我们具备了实现更高目标的能力，也同样做好了付出更为艰巨、更为艰苦的努力的准备。

实现伟大梦想，必须进行伟大斗争。社会是在矛盾运动中前进的，有矛盾就会有斗争。我们党要团结带领人民有效应对重大挑战、抵御重大风险、克服重大阻力、解决重大矛盾，必须进行具有许多新的历史特点的伟大斗争，任何贪图享受、消极懈怠、回避矛盾的思想和行为都是错误的。全党要更加自觉地坚持党的领导和我国社会主义制度，坚决反对一切削弱、歪曲、否定党的领导和我国社会主义制度的言行；更加自觉地维护人民利益，坚决反对一切损害人民利益、脱离群众的行为；更加自觉地投身改革创新时代潮流，坚决破除一切顽瘴痼疾；更加自觉地维护我国主权、安全、发展利益，坚决反对一切分裂祖国、破坏民族团结和社会和谐稳定的行为；更加自觉地防范各种风险，坚决战胜一切在政治、经济、文化、社会等领域和自然界出现的困难和挑战。全党要充分认识这场伟大斗争的长期性、复杂性、艰巨性，发扬斗争精神，提高斗争本领，不断夺取伟大斗争新胜利。

实现伟大梦想，必须建设伟大工程。这个伟大工程就是我们党正在深入推进的党的建设新的伟大工程。历史已经并将继续证明，没有中国共产党的领导，民族复兴必然是空想。我们党要始终成为时代先锋、民族脊梁，始终成为马克思主义执政党，自身必须始终过硬。全党要更加自觉地坚定党性原则，勇于直面问题，敢于刮骨疗毒，消除一切损害党的先进性和纯洁性的因素，清除一切侵蚀党的健康肌体的病毒，不断增强党的政治领导力、思想引领力、群众组织力、社会号召力，确保我们党永葆旺盛生命力和强大战斗力。

实现伟大梦想，必须推进伟大事业。中国特色社会主义是改革开放以来党的全部理论和实践的主题，是党和人民历尽千辛万苦、付出巨大代价取得的根本成就。中国特色社会主义道路是实现社会主义现代化、创造人民美好生活的必由之路，中国特色社会主义理论体系是指导党和人民实现中华民族伟大复兴的正确理论，中国特色社会主义制度是当代中国发展进步的根本制度保障，中国特色社会主义文化是激励全党全国各族人民奋勇前进的强大精神力量。全党要更加自觉地增强道路自信、理论自信、制度自信、文化自信，既不走封闭僵化的老路，也不走改旗易帜的邪路，保持政治定力，坚持实干兴邦，始终坚持和发展中国特色社会主义。

伟大斗争，伟大工程，伟大事业，伟大梦想，紧密联系、相互贯通、相互作用，其中起决定性作用的是党的建设新的伟大工程。推进伟大工程，要结合伟大斗争、伟大事业、伟大梦想的实践来进行，确保党在世界形势深刻变化的历史进程中始终走在时代前列，在应对国内外各种风险和考验的历史进程中始终成为全国人民的主心骨，在坚持和发展中国特色社会主义的历史进程中始终成为坚强领导核心。

二、中国特色社会主义思想进入新阶段

党的十九大最重大的理论创新、最重要的政治成果、最深远的历史贡献，就是提出了习近平新时代中国特色社会主义思想，把这一思想确立为党必须长期坚持的指导思想并写进党章，实现了党的指导思想的与时俱进。十三届全国人大一次会议通过的宪法修正案，郑重地把习近平新时代中国特色社会主义思想载入宪法，实现了从党的指导思想向国家指导思想的转化，实现了国家指导思想的与时俱进。习近平新时代中国特色社会主义思想，是马克思主义中国化最新成果，是党和人民实践经验和集体智慧的结晶。

（一）立足时代之基、回答时代之问的科学理论[①]

伟大时代呼唤伟大理论，伟大时代孕育伟大理论。习近平新时代中国特色社会主义思想，是在中国特色社会主义进入新时代、科学社会主义迈向新阶段、当今世界经历新变局、我们党面临执政新考验的历史条件下形成和发展起来的。

1. 习近平新时代中国特色社会主义思想，是在中国特色社会主义进入新时代的历史条件下形成的

党的十九大郑重宣示中国特色社会主义进入了新时代，这是一个分量很重、内涵很深的重大政治论断。新时代之“新”，在于我们进入了一个新的发展阶段，发展环境、发展条件都发生了新的变化，目标、任务也发生了新的变化，已经从“未发展起来”时期进入“发展起来以后”时期。新时代之“新”，在于我们面临着新的社会主要矛盾，也就是党的十九大报告指出的我国社会主要矛盾已经转化为人民日益增长的美好生活需要和不平衡不充分的发展之间的矛盾，这深刻揭示了当前我国发展状况和人民生活状况的时代特点，对党和国家各方面工作都提出了新的要求。新时代之“新”，还在于我们迈向新的奋斗目标，中华民族迎来了从站起来、富起来到强起来的伟大飞跃，即将全面建成小康社会、踏上全面建设社会主义现代化国家的新征程，我们比历史上任何时期都更接近、更有信心和能力实现中华民族伟大复兴的目标。习近平新时代中国特色社会主义思想正是在这样的伟大时代中应运而生，在当代中国的新实践、新发展中顺势而成的。

① 参见中共中央宣传部：《习近平新时代中国特色社会主义思想三十讲》，学习出版社 2018 年版，第 1—5 页。

2. 习近平新时代中国特色社会主义思想，是在科学社会主义焕发新生机、两种社会制度的较量呈现新态势的时代背景下形成的

世界社会主义500年，从空想到科学、从理论到实践、从一国实践到多国发展，反映了人类对美好社会制度的执着追求，深刻改变着世界历史的发展进程。20世纪80年代末90年代初，东欧剧变，苏联解体，世界社会主义遭受严重曲折。所谓“民主化浪潮”席卷全球，有人宣称“历史已经终结”于资本主义制度，“20世纪将以社会主义的失败和资本主义的胜利而告终”，还有人妄称社会主义中国也将随着“多米诺骨牌”效应而倒下。20多年过去了，今天我们完全可以说，中国不但在世界上把社会主义的旗帜举住了、举稳了，而且把科学社会主义推向崭新的阶段。中国特色社会主义开辟了科学社会主义的新境界，形成了道路、理论、制度、文化“四位一体”有机统一的科学体系，实现了经济、政治、文化、社会、生态文明五大建设的统筹推进，社会主义的影响力、感召力大大增强。随着社会主义中国的蓬勃发展，人们正在见证“历史终结论”的终结、“中国崩溃论”的崩溃、“社会主义失败论”的失败。习近平新时代中国特色社会主义思想的形成、发展，以及指导党和国家事业发生历史性变革、取得历史性成就的生动实践，中国特色社会主义道路越走越宽广，使世界上正视和相信马克思主义和社会主义的人多了起来，使世界范围内两种意识形态、两种社会制度的历史演进及其较量，发生了有利于马克思主义、社会主义的深刻转变。这不仅对于社会主义在中国的发展，而且对于世界社会主义发展和人类进步，都是具有深远历史意义的大事件。可以说，对科学社会主义的理论思考、经验总结，对坚持和发展中国特色社会主义的担当和探索，贯穿习近平新时代中国特色社会主义思想形成和发展的全过程。

3. 习近平新时代中国特色社会主义思想，是在百年不遇的世界大变局中形成的

当前，世界正处于大发展大变革大调整时期，世界多极化、经济全球化、社会信息化、文化多样化深入发展，全球治理体系和国际秩序变革加速推进，各国相互联系和依存日益加深。同时，世界面临的不稳定性、不确定性突出，世界经济增长动能不足，贫富分化日益严重，地区热点问题此起彼伏，恐怖主义、气候变化等对人类共同的威胁持续蔓延。世界怎么了？应该怎么办？过去主要是发展中国家感到迷茫，现在一些发达国家也感到迷茫。面对世界经济、国际安全、国际治理等一系列重大问题，世界需要新的方向、新的方案、新的选择。在这样的时代背景下，以习近平同志为核心的党中央带领中国前所未有地走近世界舞台中央，中国的发展理念、发展道路的影响力显著增强，中国在国际舞台上的话语权显著增强，中华文化所蕴含的天下为公、求同存异、和合共生等理念越来越显示出独特价值，赢得广泛理解认同。可以说，世界需要中国智慧、中国理念、中国方案，中国也正在发挥着世界和平建设者、全球发展贡献者、国际秩序维护者的重要作用。习近平新时代中国特色社会主义思想，正是在这样的时代背景下孕育产生、丰富发展的。

4. 习近平新时代中国特色社会主义思想，是在党的十八大以来党所经历的深刻革命性锻造中形成的

历史和现实都一再证明，一个执政党进行社会革命不容易，进行自我革命更不容易，而不进行自我革命就必然被历史淘汰。一个时期以来，一些地方和单位管党不力、治党不严，严重损害党的形象，侵蚀党的执政基础。以习近平同志为核心的党中央，清醒分析党面临的“四大考验”“四种

危险”，带领全党以自我革命的勇气，正风肃纪反腐，挽狂澜于既倒。可以说，党的十八大以来管党治党实现了从“宽松软”到“严紧硬”的深刻转变，党内政治生活气象更新，党内政治生态明显好转，党的团结统一更加巩固，党群关系明显改善，全党焕发出新的强大生机活力。习近平新时代中国特色社会主义思想，是党自我净化、自我完善、自我革新、自我提高的重要成果，深化了对共产党执政规律、党的自身建设规律的认识，展现了新时代马克思主义执政党强大的创造力、凝聚力、战斗力。

5. 习近平新时代中国特色社会主义思想，是党和人民实践经验和集体智慧的结晶，习近平总书记是这一思想的主要创立者

在领导全党全国各族人民推进党和国家事业的实践中，作为这一思想的主要创立者，习近平总书记以马克思主义政治家、思想家的深刻洞察力、敏锐判断力、理论创造力和战略定力，提出了一系列具有开创性意义的新理念新思想新战略，为新时代中国特色社会主义思想的创立发挥了决定性作用、作出了决定性贡献，成为党中央的核心、全党的核心，成为新时代中国特色社会主义的掌舵者、领路人，作为大国领袖、人民领袖，受到全党全国各族人民的衷心爱戴。

（二）习近平新时代中国特色社会主义思想的主要内容

习近平新时代中国特色社会主义思想，明确坚持和发展中国特色社会主义，总任务是实现社会主义现代化和中华民族伟大复兴，在全面建成小康社会的基础上，分两步走在 21 世纪中叶建成富强民主文明和谐美丽的社会主义现代化强国；明确新时代我国社会主要矛盾是人民日益增长的美好生活需要和不平衡不充分的发展之间的矛盾，必须坚持以人民为中心的发展思想，不断促进人的全面发展、全体人民共同富裕；明确中国特色社会

主义事业总体布局是“五位一体”、战略布局是“四个全面”，强调坚定道路自信、理论自信、制度自信、文化自信；明确全面深化改革总目标是完善和发展中国特色社会主义制度、推进国家治理体系和治理能力现代化；明确全面推进依法治国总目标是建设中国特色社会主义法治体系、建设社会主义法治国家；明确党在新时代的强军目标是建设一支听党指挥、能打胜仗、作风优良的人民军队，把人民军队建设成为世界一流军队；明确中国特色大国外交要推动构建新型国际关系，推动构建人类命运共同体；明确中国特色社会主义最本质的特征是中国共产党领导，中国特色社会主义制度的最大优势是中国共产党领导，党是最高政治领导力量，提出新时代党的建设总要求，突出政治建设在党的建设中的重要地位。

深刻领会习近平新时代中国特色社会主义思想的精神实质和丰富内涵后，在实践中，将新时代坚持和发展中国特色社会主义的基本方略分解为“14 个坚持”。

坚持党对一切工作的领导，确保党始终总揽全局、协调各方，这既是对我们奋斗历史的深刻总结，又是确保中华民族伟大复兴事业取得胜利的根本保证。

坚持以人民为中心，坚持人民主体地位，坚持立党为公、执政为民，这既是中国共产党人始终不变的初心，又是党和国家事业不断取得伟大成就的根本决定力量。

坚持全面深化改革，不断推进国家治理体系和治理能力现代化，这既是我们党领导全体人民进行 40 年改革开放得出的最根本经验，又是发展中国、发展社会主义、发展马克思主义的必由之路。

坚持新发展理念，坚持科学发展，这既是在深刻总结国内外发展经验教训的基础上提出的，又是对中国特色社会主义发展规律的新认识、新概括，更是解决我国一切问题的基础和关键。

坚持人民当家作主，保证人民当家作主落实到国家政治生活和社会生活之中，这既是维护人民根本利益的最广泛、最真实、最管用的社会主义民主的有力彰显，又是坚持党的领导、人民当家作主、依法治国有机统一的必然要求。

坚持全面依法治国，事关我们党执政兴国，事关人民幸福安康，事关党和国家长治久安，这既是中国特色社会主义的本质要求和重要保障，又是实现国家治理体系和治理能力现代化的必然要求。

坚持社会主义核心价值体系，树立远大理想、强化文化自信，这既是巩固马克思主义在意识形态领域的指导地位、巩固全党全国人民团结奋斗的共同思想基础的必然要求，又是我们不忘本来、吸收外来、面向未来，更好构筑中国精神、中国价值、中国力量的精神指引。

坚持在发展中保障和改善民生，保证全体人民在共建共享发展中有更多获得感，不断促进人的全面发展、全体人民共同富裕，这既是我们党立党为公、执政为民的使命所在，又是社会主义优越性最为重要的体现。

坚持人与自然和谐共生，这既是树立和践行“绿水青山就是金山银山”的理念、坚持节约资源和保护环境的基本国策的现实要求，也是建设美丽中国、为全球生态安全作出贡献的时代呼唤。

坚持总体国家安全观，这既是我们党巩固执政地位、团结带领人民坚持和发展中国特色社会主义的头等大事，又是党在治国理政的过程中增强忧患意识、居安思危的一个重大原则。

坚持党对人民军队的绝对领导，建设一支听党指挥、能打胜仗、作风优良的人民军队，这既是实现“两个一百年”奋斗目标、实现中华民族伟大复兴的战略支撑，又是保持人民军队本质和宗旨的根本保障，更是我们党在血与火的斗争中得出的颠扑不破的真理。

坚持“一国两制”和推进祖国统一，保持香港、澳门长期繁荣稳定，实现祖国完全统一，这既是实现中华民族伟大复兴的必然要求，又是全体中国人民的共同期盼和共同追求。

坚持推动构建人类命运共同体，积极参与全球治理，建设持久和平、普遍安全、共同繁荣、开放包容、清洁美丽的世界，既是中国人民同各国人民息息相通的共同梦想，又是中国努力成为世界和平的建设者、全球发展的贡献者、国际秩序的维护者的使命担当。

坚持全面从严治党，把党的政治建设摆在首位，始终保持党同人民群众的血肉联系，这既是我们党勇于自我革命、从严管党治党这一最鲜明品格的生动体现，又是“四个全面”战略布局的重要组成部分，更是全面建成小康社会、全面深化改革、全面依法治国顺利推进的根本保证。

（三）习近平新时代中国特色社会主义思想的贡献

习近平新时代中国特色社会主义思想，是马克思主义中国化最新成果，是中国特色社会主义理论体系的重要组成部分，具有重大的政治意义、历史意义、理论意义、实践意义。

1. 这一思想是新时代中国共产党人的思想旗帜，是国家政治生活和社会生活的根本指针

在革命、建设、改革的实践中，我们党大力推进马克思主义中国化，先后形成了毛泽东思想、邓小平理论、“三个代表”重要思想、科学发展观等重大理论创新成果，指引着我们夺取一个又一个伟大胜利。今天，我们党作为一个拥有 8900 多万名党员、在有着近 14 亿人口的大国长期执政的大党，作为一个立志于千秋伟业的马克思主义政党，要带领全国人民步调

一致向前进，引领中国号巨轮行稳致远，没有一个与时俱进的指导思想是不行的。习近平总书记以为人民谋幸福、为民族谋复兴的历史担当，肩负起把中国特色社会主义这篇大文章写下去的政治责任，从理论和实践结合上系统回答了新时代坚持和发展什么样的中国特色社会主义、怎样坚持和发展中国特色社会主义的时代课题，创立了习近平新时代中国特色社会主义思想。这一思想回答了一系列重大问题，提出了一系列富有时代性、创造性、人民性的重大论断，廓清了一系列大是大非，在坚持什么、反对什么上旗帜鲜明、正本清源，集中体现了我们党的政治意志、政治立场、政治主张，充分彰显了马克思主义的真理力量和科学社会主义的时代价值。有了习近平新时代中国特色社会主义思想这面旗帜，全党在思想上、精神上就有了鲜明的时代标识，党的团结统一就有了思想根基，有了“共同语言”，带领全国人民奋勇前进就有了正确方向。习近平新时代中国特色社会主义思想在新的伟大斗争中，展现出强大的真理穿透力、价值感召力、实践引领力、文化自信力，已经成为全党全国各族人民的思想指引、行动遵循，成为我国社会主义经济、政治、文化、社会、生态文明建设以及国防军队、祖国统一、外交工作、党的建设等各方面的科学指南，以这一思想为指引的中国人民实现了精神上的完全主动。确立习近平新时代中国特色社会主义思想在国家政治生活和社会生活中的指导地位，实现了党的主张和国家意志、人民意愿的高度统一，体现了党的性质和我国国体的内在统一，筑牢了全党全国各族人民为实现中华民族伟大复兴而奋斗的共同思想基础。

2. 这一思想为发展马克思主义作出了中国的原创性贡献，谱写了马克思主义新篇章

马克思主义是我们立党立国的根本指导思想。习近平总书记强调，马

克思主义是我们党和人民事业不断发展的参天大树之根本，是我们党和人民不断奋进的万里长河之泉源。长期以来，马克思主义在中国之所以显示出强大生命力，最根本的就是我们党把坚持马克思主义和发展马克思主义有机统一起来，做到既不忘老祖宗、又讲出新话。习近平新时代中国特色社会主义思想，鲜明贯穿着马克思主义的立场、观点、方法，始终把马克思主义作为理论起点、逻辑起点、价值起点，集中体现了马克思主义的理论品格和精神实质，闪耀着马克思主义真理的光辉，是当今时代最现实、最鲜活的马克思主义。同时，这一思想以我们正在做的事情和将要做的事情为中心，以一系列具有原创性的新思想、新观点、新论断，写出了马克思主义新的时代篇章，以全新视野深化了对共产党执政规律、社会主义建设规律、人类社会发展规律的认识，实现了马克思主义基本原理与中国具体实际相结合的又一次飞跃，充分彰显了马克思主义的强大生命力和中国共产党人的理论创造力，在马克思主义中国化进程中具有里程碑意义。

3. 这一思想是中国精神的时代精华，为实现中华民族伟大复兴提供了精神力量

实现中华民族伟大复兴是近代以来中华民族最伟大的梦想。习近平新时代中国特色社会主义思想，鲜明提出并系统论述了中国梦这个重大命题，深刻阐述了民族复兴的基本内涵，深刻揭示了我们在民族复兴历史进程中所处的方位，科学规划了民族复兴的实现路径、战略步骤，为新时代坚持和发展中国特色社会主义注入了新的内涵。习近平总书记在十三届全国人大一次会议闭幕会上深刻论述了中国人民在长期奋斗中培育、继承、发展起来的伟大民族精神，强调要始终发扬伟大创造精神、伟大奋斗精神、伟大团结精神、伟大梦想精神。习近平新时代中国特色社会主义思想，深刻揭示和自觉遵循中华民族传承发展的历史逻辑，承载着中华文明再创辉煌

的历史责任，是中华优秀传统文化创造性转化和创新性发展的光辉典范，吹响了全党全国向民族复兴进军的号角，照亮了迈向民族复兴的伟大征程，注入了实现民族复兴的强大精神力量。在这一思想的指引下，我们比以往任何时候都更有信心、更有能力完成新时代党的历史使命，实现国家富强、民族振兴、人民幸福的中国梦。

4. 这一思想饱含着对人类发展重大问题的睿智思考和独特创见，为建设美好世界贡献了中国智慧、中国方案

中国共产党是为中国人民谋幸福的党，也是为人类进步事业而奋斗的党，始终把为人类作出新的更大贡献作为自己的使命。当今世界正处于百年未有之大变局，面临的不稳定性、不确定性日益突出。在这样一个世界发展何去何从的十字路口，习近平总书记以卓越的政治家和战略家的恢宏视野、战略思维，鲜明提出一系列关乎人类前途命运的新理念新思想新主张，占据了人类道义制高点，凸显了中国特有的大国风范、大国担当。这一思想坚持中华文明的主体性、社会主义现代化建设的实践性，着力把当代中国在社会主义道路上建设现代化的积极探索和宝贵经验加以理论化、系统化，构建了坚持马克思主义原则、体现独特文明特征、独立于西方模式和西方话语的思想体系、价值体系、制度体系、目标体系、战略体系，深刻凝结着当代中国对人类更好未来的艰辛探索，拓展了发展中国家走向现代化的途径，给世界上那些既希望加快发展又希望保持自身独立性的国家和民族提供了全新选择。

三、开启全面建设社会主义现代化国家新征程

改革开放之后，我们党对我国社会主义现代化建设作出战略安排，提出“三步走”战略目标。解决人民温饱问题、人民生活总体上达到小康水平这两个目标已提前实现。在这个基础上，我们党提出，到建党100年时建成经济更加发展、民主更加健全、科教更加进步、文化更加繁荣、社会更加和谐、人民生活更加殷实的小康社会，然后再奋斗30年，到新中国成立100年时，基本实现现代化，把我国建成社会主义现代化国家。

当前，我们正处于全面建成小康社会决胜期和“两个一百年”奋斗目标的历史交汇期。在党的领导下，全体人民正在不断奋斗中推进经济建设、政治建设、文化建设、社会建设、生态文明建设。在综合分析国际国内形势和我国发展条件，深入研究、反复论证的基础上，党的十九大报告明确提出了全面建设社会主义现代化国家分两个阶段进行的发展目标。

（一）为基本实现社会主义现代化不懈奋斗的15年

改革开放40年来，我国经济持续较快发展，工业化城镇化快速推进，各项事业全面进步，国家面貌发生了前所未有的巨大变化。以目前的良好基础和发展势头，到2035年基本实现社会主义现代化是有把握的。因此，从2020年到2035年，是党领导全体人民在全面建成小康社会的基础上接续奋斗，基本实现社会主义现代化的15年。这意味着，我们党原来提出的“三步走”战略的第三步，即基本实现现代化，将提前15年实现。

在经济建设方面，我国经济实力、科技实力将大幅跃升，跻身创新型国家前列。我国经济将保持中高速增长、产业迈向中高端水平，经济发展实现由数量和规模扩张向质量和效益提升的根本转变。社会主义市场经济

体制将更加完善，全面开放新格局加快构建，经济活力明显增强。形成若干世界级先进制造业集群，全要素生产率明显提升，基本建成现代化经济体系。发展空间格局得到优化，以城市群为主体、大中小城市和小城镇协调发展的城镇化格局基本形成，基础设施体系更加完备，城市品质明显提升，科技创新能力持续增强，在2020年建成创新型国家之后，到2035年跃升至创新型国家前列。

在政治建设方面，人民平等参与、平等发展的权利得到充分保障，法治国家、法治政府、法治社会基本建成，各方面制度更加完善，国家治理体系和治理能力现代化基本实现。党的领导、人民当家作主、依法治国达到高度有机统一。人民民主更加充分发展，人民代表大会制度和人民政协政治协商制度更加完善，民主选举、民主协商、民主决策、民主管理、民主监督得到有效落实，人权得到充分保障，人民的积极性、主动性、创造性进一步发挥。政府公信力和执行力大为增强，人民满意的服务型政府基本建成。依法治国得到全面落实，科学立法、严格执法、公正司法、全民守法的局面基本形成。

在文化建设方面，社会文明程度达到新的高度，国家文化软实力显著增强，中华文化影响更加广泛深入。中国梦和社会主义核心价值观深入人心，爱国主义、集体主义、社会主义思想广泛弘扬，全体人民的文化自信、文化自觉和文化凝聚力不断提高。重视社会公德、职业道德、家庭美德、个人品德的社会风尚基本养成，人民思想道德素质、科学文化素质、健康素质明显提高。公共文化服务体系、现代文化产业体系和市场体系基本建成，中外文化交流更加广泛，中华文化走出去达到新水平。

在民生和社会建设方面，人民生活更为宽裕，中等收入群体比例明显提高，城乡区域发展差距和居民生活水平差距显著缩小，基本公共服务均等化基本实现，全体人民共同富裕迈出坚实步伐。实现幼有所育、学有所教、劳有所得、病有所医、老有所养、住有所居、弱有所扶的美好愿景，实现更高质量和更充分的就业。我国进入高收入国家行列，人口预期寿命和国民受教育程度达到世界先进水平。现代社会治理格局基本形成，社会充满活力又和谐有序。政府治理和社会调节、居民自治良性互动，公平正义充分彰显，人民的获得感、幸福感、安全感更加充实、更有保障、更可持续。

在生态文明建设方面，生态环境根本好转，美丽中国目标基本实现。清洁低碳、安全高效的能源体系和绿色低碳循环发展的经济体系基本建立，生态文明制度更加健全。绿色发展的生产方式和生活方式基本形成，能源、水等资源利用效率达到国际先进水平。大气、水、土壤等环境状况明显改观，生态安全屏障体系基本建立，生产空间安全高效、生活空间舒适宜居、生态空间山青水碧的国土开发格局形成，森林、河湖、湿地、草原、海洋等自然生态系统质量和稳定性明显改善。我国碳排放总量将在 2030 年左右达到峰值后呈现下降态势，在应对全球气候变化和促进绿色发展中发挥重要作用。

（二）向社会主义现代化强国迅跑的 15 年

从 2035 年到 21 世纪中叶，是我们在基本实现现代化的基础上继续奋斗、把我国建成富强民主文明和谐美丽的社会主义现代化强国的 15 年。展望那时的中国，通过坚持不懈推进“五位一体”总体布局，将全面提升我国社会主义物质文明、政治文明、精神文明、社会文明、生态文明。

我国将拥有高度的物质文明，社会生产力水平大幅提高，核心竞争力名列世界前茅，经济总量和市场规模超越其他国家，建成富强的社会主义现代化强国。

我国将拥有高度的政治文明，形成又有集中又有民主、又有纪律又有自由、又有统一意志又有个人心情舒畅生动活泼的政治局面，依法治国和以德治国有机结合，建成民主的社会主义现代化强国。

我国将拥有高度的精神文明，践行社会主义核心价值观成为全社会自觉行动，国民素质显著提高，中国精神、中国价值、中国力量成为中国发展的重要影响力和推动力，建成文明的社会主义现代化强国。

我国将拥有高度的社会文明，城乡居民将普遍拥有较高的收入、富裕的生活、健全的基本公共服务，享有更加幸福安康的生活，全体人民共同富裕基本实现，公平正义普遍彰显，社会充满活力而又规范有序，建成和谐的社会主义现代化强国。

我国将拥有高度的生态文明，天蓝、地绿、水清的优美生态环境成为普遍常态，开创人与自然和谐共生新境界，建成美丽的社会主义现代化强国。

到那时，我国作为具有 5000 多年文明历史的古国，将焕发出前所未有的生机活力，实现国家治理体系和治理能力现代化，成为综合国力和国际影响力领先的国家，将为构建人类命运共同体、推动世界和平与发展作出更大贡献，中华民族将以更加昂扬的姿态屹立于世界民族之林，实现中华民族伟大复兴的中国梦。

四、新时代要有新气象新作为

从全面建成小康社会到基本实现现代化，再到全面建成富强民主文明和谐美丽的社会主义现代化强国，是全面建设社会主义现代化国家的战略安排。蓝图是宏伟的，目标是远大的。新时代要有新气象新作为，方向已定、路径已明，关键是把目标变成行动，把蓝图变成现实。伟大事业不是等得来、喊得来的，而是干出来、拼出来的。

（一）以新思想引领党和人民事业发展

时代是思想之母。党的十八大以来，国内外形势变化和我国各项事业发展都给我们提出了一个重大时代课题，这就是必须从理论和实践结合上系统回答新时代坚持和发展什么样的中国特色社会主义、怎样坚持和发展中国特色社会主义。在带领全体人民共同奋斗的同时，我们党也在倾听时代之声、回应时代之问，在与时俱进中不断推动理论创新。

围绕“从理论和实践结合上系统回答新时代坚持和发展什么样的中国特色社会主义、怎样坚持和发展中国特色社会主义”这一重大时代课题，我们党坚持以马克思列宁主义、毛泽东思想、邓小平理论、“三个代表”重要思想、科学发展观为指导，坚持解放思想、实事求是、与时俱进、求真务实，坚持辩证唯物主义和历史唯物主义，紧密结合新的时代条件和实践要求，以全新的视野深化对共产党执政规律、社会主义建设规律、人类社会发展规律的认识，进行艰辛理论探索，取得重大理论创新成果，形成了习近平新时代中国特色社会主义思想。党的十九大对我国发展新的历史方位作出科学判断，并将习近平新时代中国特色社会主义思想写入党章。

思想是行动的先导，理论来自实践又指导实践。深刻领会习近平新时代中国特色社会主义思想的精神实质和丰富内涵，关键要在各项工作中全面准确贯彻落实。党的十九大报告提出的 14 条基本方略，既是过去 5 年我们取得历史性成就的成功之道，也是我们面向未来走向新的胜利的重要法宝，同时又是新时代中国共产党人实现历史使命、做好各项工作的主要抓手。在新时代坚持和发展中国特色社会主义的进程中，基本方略具有重要的方法论意义。深刻领会习近平新时代中国特色社会主义思想的精神实质和丰富内涵，正需要在各项工作中全面准确贯彻落实这 14 条基本方略；同时，全面贯彻 14 条基本方略，必将更好引领党和人民事业的发展。

（二）以新举措应对新的主要矛盾

党的十九大报告指出，我国社会主要矛盾已经转化为人民日益增长的美好生活需要和不平衡不充分的发展之间的矛盾。自 1956 年党的八大提出我国国内主要矛盾以来，历经党的十一届六中全会作出调整，党的十九大再一次对我国社会的主要矛盾作出重大论断，即我国社会主要矛盾已经转化为人民日益增长的美好生活需要和不平衡不充分的发展之间的矛盾。

中国特色社会主义进入新时代，我国社会主要矛盾的变化，没有改变对我国社会主义所处历史阶段的判断。我国仍处于并将长期处于社会主义初级阶段的基本国情没有变，我国是世界最大发展中国家的国际地位没有变。发展仍然是我们党执政兴国的第一要务。必须牢牢把握社会主义初级阶段这个基本国情，牢牢立足社会主义初级阶段这个最大实际，牢牢坚持党的基本路线这个党和国家的生命线、人民的幸福线。

在新时代，随着我国社会主要矛盾的变化，发展的内涵和重点、理念和方式、环境和条件、水平和要求与过去有很大不同，这就必须更好地贯彻落实新发展理念，针对发展不平衡不充分问题提出新的思路、新的战略、新的举措，努力实现更高质量、更有效率、更加公平、更可持续的发展。最根本的是要全面坚持党在社会主义初级阶段的基本理论、基本路线、基本方略，不断增强工作的原则性、系统性、预见性、创造性，按照新时代要求在以新的理念举措不断推动发展的基础上，更好解决我国社会出现的各种问题，更好实现各项事业全面发展，更好发展中国特色社会主义事业。

（三）以新发展理念建设现代化经济体系

包括西方经济学和马克思主义经济学在内的传统经济学理论，都否定了社会主义搞市场经济的可能性。西方经济学理论认为，商品交换和市场经济都是建立在私有制的基础上的，社会主义国家只要坚持搞公有制，就不能搞市场经济。马克思主义的创始人则认为，消灭了资本主义私有制的共产主义社会将不存在商品货币关系。受此理论影响，包括苏联、东欧国家、中国在内的所有社会主义国家，都无一例外地建立和实行了计划经济体制。在我国的社会主义经济建设实践中，还一度因为姓“社”还是姓“资”而走了弯路、受了挫折。改革开放以后，解放思想、实事求是的思想路线破除了姓“资”还是姓“社”的禁锢，实践是检验真理的唯一标准这一马克思主义的基本准则重新得到坚持与贯彻。在对社会主义初级阶段实际拥有清醒认识的基础上，在对国内外改革和发展经验教训认真总结的前提下，我们党最终形成了社会主义市场经济理论，才使得社会主义建设真正迎来了新局面。

毋庸置疑，无论是从经济学理论上而言，还是从经济发展的实践上来说，社会主义市场经济体制都是前所未有的，是我们党对于马克思主义的重大理论贡献，是马克思主义与中国实践相结合的光辉典范。

由集中的计划经济管理体制转变为社会主义市场经济体制，按市场经济运行的一般规律办事；正确处理政府与市场的关系，使市场在资源配置中起决定性作用和更好发挥政府作用，是我们在改革开放多年实践中得出的一系列重要结论。党的十九大报告指出：“我国经济已由高速增长阶段转向高质量发展阶段，正处在转变发展方式、优化经济结构、转换增长动力的攻关期，建设现代化经济体系是跨越关口的迫切要求和我国发展的战略目标。”

“现代化经济体系”不仅是一个崭新的经济学概念，更是一种崭新的经济发展理念。它既是紧扣新时代中国社会主要矛盾转化、落实中国特色社会主义经济建设布局的内在要求，又是决胜全面建成小康社会、开启全面建设社会主义现代化国家新征程的基本途径，也是适应中国经济由高速增长阶段转向高质量发展阶段，转变经济发展方式、转换发展动能和全面均衡发展的迫切需要。它将带给未来中国更高的经济水平和经济增速，更高质量的经济增长方式，更平衡的区域和城乡发展格局，更完善的市场经济体制，更全面的对外开放，以及更完善的现代化产业体系、空间布局结构和协调程度。

（四）以新面貌为全面建设社会主义现代化国家提供根本保证

全面从严治党是党的十八大以来党中央作出的重大战略部署。作为“四个全面”战略布局的重要组成部分，全面从严治党也是全面建成小康社会、全面深化改革、全面依法治国顺利推进的根本保证。以习近平同志为核心的党中央身体力行、率先垂范，坚持思想建党、组织建党和制度治党紧密结合，集中整饬党风，严厉惩治腐败，净化党内政治生态，从抓思想从严、抓管党从严、抓执纪从严、抓治吏从严、抓作风从严、抓反腐从严六个方面推进全面从严治党。

党的十九大报告更进一步提出了新时代党的建设总要求：坚持和加强党的全面领导，坚持党要管党、全面从严治党，以加强党的长期执政能力建设、先进性和纯洁性建设为主线，以党的政治建设为统领，以坚定理想信念宗旨为根基，以调动全党积极性、主动性、创造性为着力点，全面推进党的政治建设、思想建设、组织建设、作风建设、纪律建设，把制度建设贯穿其中，深入推进反腐败斗争，不断提高党的建设质量，把党建设成为始终走在时代前列、人民衷心拥护、勇于自我革命、经得起各种风浪考验、朝气蓬勃的马克思主义执政党。

在新思想的指引下，以党的政治建设为统领抓好党的建设，以习近平新时代中国特色社会主义思想武装全党，在复杂的执政环境中锤炼出一支高素质专业化干部队伍，450 多万个党的基层组织共同筑起坚实的战斗堡垒，持之以恒正风肃纪、重拳反腐，坚决清除一切侵蚀党的健康肌体的病毒，反腐败斗争取得压倒性胜利。

实践已经充分证明，也必将继续证明，我们党始终是人民公仆、时代先锋、民族脊梁。回首百年风雨历程，全面从严治党永远在路上，中华民族千秋伟业仍是 8900 多万名党员始终不渝的初心，我们党仍然是既能带领全体人民进行伟大革命、又能进行伟大自我革命的坚强领导核心。

延伸阅读

1. 习近平：《在庆祝改革开放 40 周年大会上的讲话》，《人民日报》2018 年 12 月 19 日。

2. 习近平：《在全国政协新年茶话会上的讲话》，《人民日报》2018 年 12 月 30 日。

深度思考

1. 党的十九大报告指出，中国共产党人的初心和使命，就是为中国人民谋幸福，为中华民族谋复兴。如何全面理解党在新时代的历史使命？

2. 为什么说中国特色社会主义是社会主义理论逻辑与中国社会发展历史逻辑的辩证统一？

3. 党的十九大报告指出，我国社会主要矛盾已经转化为人民日益增长的美好生活需要和不平衡不充分的发展之间的矛盾。这一社会主要矛盾在现阶段有哪些具体表现？解决这一社会主要矛盾的根本途径是什么？

后　记

习近平总书记在2019年新年贺词中说："2019年，我们将隆重庆祝中华人民共和国70周年华诞。"庆祝这一对我国具有里程碑意义的大事，回顾总结70年的历史轨迹，对于总结过去、把握现在、谋划未来都十分必要。

1949年3月23日，党中央从西柏坡动身前往北京时，毛泽东说："今天是进京赶考的日子。"70年的实践证明，我们党、国家和人民在这场历史性考试中取得了优异成绩，也经历了挫折。在庆祝中华人民共和国成立70周年之际，回顾中国共产党团结带领中国人民进行社会主义革命、建设和改革的光辉历程，展望党和人民事业发展的光明前景，对于动员全党全国各族人民更加充满信心朝着实现全面建成小康社会奋斗目标、实现中华民族伟大复兴的中国梦胜利前进有重要意义。

70年来，我国走过的历程，是中国共产党领导全国人民用鲜血、汗水、泪水写就的，充满着苦难和辉煌、曲折和胜利、付出和收获，这是中华民族发展史上不能忘却、不容否定的壮丽篇章，也是中国人民和中华民族继往开来、奋勇前进的现实基础。认真梳理新中国成立以来的历史轨迹，有助于我们总结经验，吸取教训，为将来更好地前进打下坚实的基础。

习近平总书记深刻指出："我们回顾历史，不是为了从成功中寻求慰藉，更不是为了躺在功劳簿上、为回避今天面临的困难和问题寻找借口，而是为了总结历史经验、把握历史规律，增强开拓前进的勇气和力量。"[①]

回望70年波澜壮阔的历史进程，中国共产党紧紧依靠人民，跨过一道又一道沟坎，取得一个又一个胜利，使曾经十分落后的中国发展成为世界第二大经济体，让中华民族伟大复兴展现出光明的前景。正因为如此，当今世界，要说哪个政党、哪个国家、哪个民族能够自信的话，那中国共产党、中华人民共和国、中华民族是最有理由自信的。

始终不渝的探索、坚持不懈的奋斗，催生了我们引以为豪的坚定自信，这就是中国特色社会主义道路自信、理论自信、制度自信、文化自信。中国特色社会主义道路是中国实现社会主义现代化的必由之路，是创造人民美好生活的必由之路；中国特色社会主义理论体系是指导党和人民沿着中国特色社会主义道路实现中华民族伟大复兴的正确理论，是立于时代前沿、与时俱进的科学理论；中国特色社会主义制度是当代中国发展进步的根本制度保障，是具有鲜明中国特色、明显制度优势、强大自我完善能力的先进制度。

在继续前进的道路上，我们必须准备进行具有许多新的历史特点的伟大斗争，必须时刻准备应对重大挑战、抵御重大风险、克服重大阻力、解决重大矛盾。责任重于泰山，事业任重道远，面对新情况新问题新挑战，信心比黄金更重要。着眼于进行具有许多新的历史特点的伟大斗争，我们一定要坚持中国特色社会主义道路自信、理论自信、制度自信、文化自信，坚持党的基本路线不动摇，大力弘扬社会主义核心价值观，弘扬以爱国主义为核心的民族精神和以改革创新为核心的时代精神，不断增强全党全国

① 习近平：《在庆祝中国共产党成立95周年大会上的讲话》，《人民日报》2016年7月2日。

各族人民的精神力量，继续在这场历史性考试中经受考验，努力向历史、向人民交出新的更加优异的答卷。

写作此书多有不易，其中艰辛自己明知。研究和写作要有科学的方法。总的来说，我们坚持唯物辩证法，唯物辩证法是马克思主义最根本的方法。这种方法就是运用对立统一规律、量变质变规律和否定之否定规律来分析矛盾运动，分析其发展变化过程，从而揭示事物的本质及其发展规律。具体地说，有科学的抽象法、从抽象上升到具体的方法、研究方法与叙述方法相结合、逻辑和历史相一致的方法、分析和综合相统一的方法等。

辩证唯物主义的观点不仅认为世界是物质的，物质是第一性的东西，精神是第二性的东西，实践是认识的基础，而且认为客观世界的运动和变化是有其内在的客观规律性的，也就是基于客观世界本身内在矛盾的既对立又统一的辩证规律的运动而变化，因而必须按照客观世界的本来面目及其固有的辩证性质去认识客观世界和改造客观世界，这就必须运用唯物辩证法去研究客观世界。实质上，唯物辩证法是对客观世界本身所具有的辩证运动规律的反映，也就是客观世界本身的辩证运动规律在人类头脑中的辩证思维过程和科学研究方法。

在分析的时候还要用到这样或那样的较为具体的方法，但必须说明这些方法都是属于唯物辩证法的，实际上是唯物辩证法在一定的特殊的具体场合的具体运用，而不是对它的背离。这些从属于唯物辩证法并成为唯物辩证法在某种特定情况下的具体表现形式的方法主要有以下几种。

一是科学抽象法。科学抽象法就是透过客观事物的外表现象，寻求它的内在本质，把从实践中得到的丰富的感性认识材料，抽去其次要的、非本质的东西，抽取其主要的和本质的实体，借以得到理性认识，完成科学研究的方法。运用科学的抽象方法，依靠人们的抽象思维能力，去粗取精，去伪存真，由此及彼，由表及里，经过分析研究、判断推理，才能建立起科学的理论体系。

二是从抽象上升到具体的方法。从抽象上升到具体的方法，是建立在抽象法的基础之上的，它实质上是为了建立体系而将辩证唯物主义的叙述方法运用于对客观经济事物的辩证逻辑过程的科学方法。思维首先从大量事实中抽象出本质的东西来，形成概念和范畴，然后才复制出具体。马克思说，从抽象上升到具体的方法，只是思维用来掌握具体、把它当作一个精神上的具体再现出来的方法。

三是正确运用研究方法和叙述方法。马克思认为："当然，在形式上，叙述方法必须与研究方法不同。研究必须充分地占有材料，分析它的各种发展形式，探寻这些形式的内在联系，只有这项工作完成以后，现实的运动才能适当地叙述出来。"①

四是逻辑和历史相一致的方法。从抽象上升到具体的方法是循着从简单到复杂、从低级到高级的辩证逻辑过程进行的，逻辑思维过程不过是对历史事物的概括反映，对此恩格斯写道："历史从哪里开始，思想进程也应当从哪里开始，而思想进程的进一步发展不过是历史过程在抽象的、理论上前后一贯的形式上的反映；这种反映是经过修正的，然而是按照现实的历史过程本身的规律修正的。"②

五是分析和综合相统一的方法。所谓分析法，是指人们对客观事物统一体的内在矛盾、矛盾对立的两个方面分别进行研究，分清其特点、主次关系和矛盾运动的方法；综合方法，是指人们通过对客观事物内在矛盾对立面的分析后，再将它们结合起来统一地全面考察的方法。分析是综合的前提，综合是分析的结果，分析时必须有综合，综合时又必须有分析，这

① 马克思：《〈资本论〉第一卷（节选）》，《马克思恩格斯选集》第 2 卷，人民出版社 2012 年版，第 93 页。

② 恩格斯：《卡尔·马克思〈政治经济学批判。第一分册〉》，《马克思恩格斯选集》第 2 卷，人民出版社 2012 年版，第 14 页。

是唯物辩证法的分析和综合法的统一。

六是文献综述法。为真实反映70年的历史轨迹，写作上我们主要采用了文献综述法来准确呈现70年的历史大事。在大量阅读相关书籍和文献基础上，综述文献主要采用已有共识或已有中央定论的史实，如《关于建国以来党的若干历史问题的决议》中已定论的说法。

七是事件纪实法。70年的历史轨迹是由众多的历史事件构成的，我们主要选用有一定历史意义、对历史进程有一定影响的重大事件。对于这些重大事件，我们主要采取纪实手法叙述。

本书是为庆祝中华人民共和国70周年华诞献礼的《跨越（1949—2019）》四部曲中的第一部。

由于本书涉及的问题重大，内容丰富，范围广泛，在编写过程中，笔者广泛听取了各方面专家学者的意见和建议，他们无论从材料的提供、选择，还是研究的角度、思路等方面都提出了宝贵的意见，也参考并充分利用了中共中央党史和文献研究院丰富的馆藏文献资料以及各大主流媒体的一些理论文章，在这里一并致谢！

最后，在本书的编写过程中，我们得到了各级领导和相关部门的关心和支持，中央团校的王建敏教授在资料收集、整理及技术处理方面给予了大力支持，朱文平先生、刘雅文女士为本书的出版给予了热情帮助，在此深表谢意。同时，要诚恳地指出，本书研究的问题及涉及面相当广泛，需要相当深厚的理论功底和坚实的实践认识作为支撑，而我们的水平和能力有限，不当之处在所难免，恳请读者和有关专家不吝指教！

崔友平

2019年2月